Gustave Planche

Salon de 1833

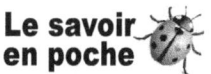

Le savoir en poche

ISBN : 978-1546938057

10 9 8 7 6 5 4 3 2 1

Gustave Planche

Salon de 1833

Le savoir
en poche

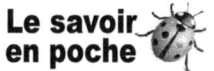

Table de Matières

PREMIÈRE PARTIE

Le salon s'ouvre demain, au moins on l'assure. Pour ma part, je ne le croirai qu'après avoir mis le pied dans les salles du Louvre. J'ai toute raison de douter jusque-là ; car, de compte fait, depuis le mois d'avril 1832, c'est la septième ou huitième promesse publiée par la voie des journaux. A voir comme l'administration se joue des espérances qu'elle éveille, des curiosités qu'elle excite, et des engagements solennels qu'elle multiplie avec insouciance et dédain, il semble que nous revenons au bon plaisir de 1760, que l'avenir et la prospérité de l'art reposent encore sur les volontés et les caprices des courtisans. Je ne vois pas à quoi sert de voter tous les ans une allocation pour l'encouragement de la peinture et de la statuaire, si le ministre peut à son gré employer ou retenir la somme destinée à cet usage ; ni pourquoi la chambre a placé les musées dans les attributions de la liste civile, si la maison du roi peut, selon qu'il lui plaît, accorder ou refuser aux artistes l'exposition de leurs ouvrages.

Le 17 août 1831, dans la séance de clôture, le roi avait annoncé un salon annuel pour le mois d'avril. Avant de rien préjuger pour ou contre l'opportunité de cette mesure, il semblait convenable de l'éprouver. On ne l'a pas fait ; la question reste donc entière et pendante. Aussi négligerons-nous volontairement de la discuter. C'est à l'expérience qu'il appartient de prononcer.

Les salles du Louvre, choisies par l'administration, sont, comme les années précédentes, le grand salon carré et la galerie des trois écoles. Je ne veux pas m'arrêter à qualifier ni à réfuter ce ridicule entêtement, qui prive pendant six mois les jeunes gens de leurs études, les étrangers et le public de leur plaisir. Toutes ces interpellations viendront en leur temps, et perdraient beaucoup à n'être pas développées individuellement.

Aujourd'hui notre devoir est d'indiquer sommairement les ouvrages remarquables que nous connaissons, d'appeler l'attention de la foule sur les morceaux les plus distingués que nous avons pu apprécier isolément dans les ateliers. L'analyse et la critique seraient impossibles, ou du moins très obscures le lendemain d'une première impression ; les jugements sérieux ne se peuvent construire que sur des souvenirs, d'autant plus précis et distincts, qu'ils s'éloignent davantage de l'enivrement du spectacle.

Je n'ai rien à dire de la peinture *historique*, au moins de celle qui doit peupler les galeries. Si le salon doit offrir à notre curiosité de grandes pages pittoresques empruntées à l'histoire, je ne les connais pas. Il faut excepter de cette négation les plafonds du musée Charles X., qui, par leur étendue, les sujets de composition, leur place, et le nom des artistes qui les ont signés, ont une réelle importance. Mais la consigne du Louvre est trop sévère, pour que nous ayons pu contempler à loisir l'œuvre de MM. Eugène Devéria, Schnetz, Allaux, Gros, etc. Les privilégiés, ceux qui ont été assez heureux pour pénétrer, s'accordent à vanter l'élégance et la richesse de ces décorations. Il faut remercier l'administration d'avoir consulté pour le choix des ornements, pour le style des voussures, pour le caractère des médaillons, des hommes spéciaux, tels que M. Visconti. Les coquetteries maigres et mesquines du goût impérial ont bien fait de s'effacer devant les études sérieuses et précises. — Nous avons toujours été d'avis qu'il fallait restituer ou inventer en pareil cas. Les dessins de M. Percier, malgré la finesse et la sobriété qu'on ne peut leur refuser, n'auraient pas signifié grand'chose dans les salles qui prétendent reproduire les différents âges de l'art. Or, toutes les fois que les ornements ne concourent pas à l'effet, il arrive qu'ils font tache.

Les amis de M. Horace Vernet parlent avec éloges d'une grande composition où figurent Raphaël et Michel Ange ; à cet égard j'aurais mauvaise grâce à dissimuler mes préventions : je suis en mesure de les expliquer. Je ne crois pas que l'auteur ingénieux des batailles de Jemmapes et de Montmirail soit capable de se métamorphoser au point de rivaliser, comme on le dit dans quelques salons, avec les grands maîtres d'Italie. Pour peindre les *Loges* ou le *Jugement*, il ne suffit pas de prendre la poste et de s'exposer à la *mal'aria* de Rome ; il ne faut pas avoir joué pendant vingt ans avec son art, pour l'aborder plus tard dans sa partie la plus difficile et la plus haute. Si le travail du génie est la plus grande de toutes les joies, c'est à une condition ignorée de M. Horace Vernet, la défiance de soi-même et la douleur de l'enfantement. Il aura toujours un très joli talent de société ; mais la prudence et la raison lui conseillent impérieusement d'abandonner au plus tôt ses nouvelles ambitions. Qu'il se remette à peindre des scènes de camp et de bivouac, à semer d'épisodes simples et pathétiques les premiers plans d'une mêlée. Personne à coup sûr ne voudra le comparer à Salvator, et il fermera la bouche aux récriminations.

M. Paul Delaroche, comme s'il craignait d'ébrécher les éclatants succès de Mazarin et de Richelieu, de Cromwell et des enfants d'Edouard, n'a rien envoyé. Les nombreux admirateurs de sa manière prudente et sage ont épuisé depuis quelques mois toutes les formules du panégyrisme pour une mort de Jeanne Gray, encore inédite, mais destinée, selon leur avis, à couronner sa gloire : c'est une création inattendue pour l'invention, le style, les détails et le caractère de chaque morceau pris en lui-même. Il y a dans tout cela une chose qui me paraît très croyable, c'est le renouvellement, qui s'explique à merveille par l'étude d'un nouveau maître. Il y a vingt-deux mois, les badauds comparaient les deux cardinaux à des Flamands ! Ils ont été jusqu'à dire que le Protecteur était un Holbein ! A la bonne heure ! Jeanne Gray sera peut-être de l'école anglaise !

S'il est vrai, comme on le dit, que M.. Eugène Delacroix n'expose rien cette année, c'est un malheur très sérieux. Son récent voyage à Méquinez a dû multiplier dans ses cartons les motifs, les, épisodes, les variétés de costume, de paysage, Espérons au moins que nous aurons sa bataille de Nancy.

On parle beaucoup d'un épisode de la Saint-Barthélemy par M. Robert Fleury. La critique devra étudier avec soin cette composition. L'auteur avait envoyé au dernier salon plusieurs portraits remarquables.

Il est très probable que M. E. Champmartin conservera cette année la supériorité, unanimement reconnue, qu'il avait conquise il y a deux ans. A moins qu'un nouveau talent ne se révèle tout à coup, il sera le seul encore qui sache composer avec une seule figure un véritable tableau. Seul, entre tous les peintres qui s'occupent du portrait, il paraît avoir compris que les grands maîtres, tels que Titien, Léonard, Rubens, Vandyck, Velasquez, Joshua Reynolds et Thomas Lawrence, ont dû la meilleure partie de leurs succès et de leur gloire à l'étude de l'invention ; il semble convaincu que la fantaisie ne peut demeurer étrangère à la reproduction la plus réelle et la plus vraie d'un type donné. Il ne s'abstient pas d'interpréter la nature qu'il a sous les yeux ; et, en cela, il fait preuve d'une haute raison et d'une profonde intelligence de son art. Si dans l'analyse de certains détails nous le trouvons au-dessous des facultés qu'il a précédemment manifestées, nous le dirons franchement. La sévérité n'est pas seulement un devoir pour nous, c'est un honneur dont il est digne, et que nous ne voulons pas lui refuser.

Tous ceux qui ont vu le portrait de M. Bertin l'aîné, par M. Ingres, et nous sommes du nombre, regrettent que l'illustre auteur de l'apothéose d'Homère ait fait dans ce genre de si rares essais. Ce chef-d'œuvre de conscience et de vérité sera pour nous la seule occasion

Gustave Planche

peut-être d'appeler sur un talent chaste et recueilli la popularité qui lui a manqué jusqu'ici. Nous ne savons pas encore si nous aurons le *martyre de saint Symphorien*, et le, Virgile dont M. Pradier, frère du statuaire, nous montrera la gravure, est dans une galerie de Rome.

Entre M. Ingres et M. Champmartin il faut placer les miniatures de madame de Mirbel. Malgré ses nombreux triomphes, elle ne se lasse pas d'étudier pour donner à sa manière une vérité plus complète et plus haute. C'est la seule miniature qui ait toute l'importance d'un portrait à l'huile. Elle aussi, elle interprète la nature, elle la prend à son heure la mieux inspirée et la plus féconde, elle saisit dans une figure la physionomie, c'est-à-dire l'expression normale, la signification poétique, le sens profond et intimé, révélable seulement aux yeux de l'artiste et du philosophe. Elle sait que, pour le grand peintre, il y a des journées où le modèle ne se ressemble pas. Elle surprend le masque humain presque à la dérobée et ne le fait pas poser.

MM. Alfred et Tony Johannot ont compris, chacun à leur manière, qu'ils ne devaient pas épuiser leur imagination et leur verve dans les *illustrations*. Malgré la haute renommée de Smirke qu'ils pouvaient égaler, ils ont mieux aimé sacrifier à une gloire plus durable quelques années de réputation et de fortune. C'est bien, et nous devons leur en tenir compte. Dans le temps où nous vivons, il y a tant de cupidités qui se déguisent en idées ambitieuses, qu'on doit estimer très haut les abnégations et les sincérités. Le tableau destiné à la galerie du Palais-Royal, la duchesse d'Orléans annonçant la victoire d'Hastenbeck, est d'une coquetterie chatoyante. Mademoiselle de Montpensier vaut beaucoup mieux. La composition est mieux ordonnée, et la peinture plus solide. — Le tableau de M. Tony Johannot a des parties admirables. La petite fille et la vieille semblent échappées au pinceau de Wilkie, ou au crayon de Charlet.

M. Louis Boulanger, à qui son Mazeppa conquit, en 1827, une belle place parmi les peintres de l'école nouvelle, se présente cette année avec une riche collection d'aquarelles. Le choix et la vivacité des tons séduisent l'œil et risqueraient d'imposer silence à la critique. Cependant l'intérêt sérieux que son talent nous inspire exige que nous indiquions sincèrement les incorrections et les lacunes que la réflexion y découvre.

La peinture de paysage et de marine sera, comme d'ordinaire, la plus nombreuse et la plus variée. Nous reverrons en présence les deux écoles, représentées par les maîtres décrépits et les courageux novateurs, fils de leurs œuvres et disciples de leur pensée. J'en ai la ferme espérance, le public se prononcera pour la génération qui s'avance et qui grandit. M. Watelet entrera tout entier dans l'oubli et le dédain. Les curieux les plus superficiels passeront indifférents devant ses toiles glacées. MM. Paul Huet, Charles de Laberge, Eugène Isabey, Aligny, Edouard Bertin, obtiendront la sympathie et les louanges qui sont dues à leurs études persévérantes. Nous verrons si M. Camille Roqueplan prend son art un peu plus au sérieux que par le passé. Il serait fâcheux qu'il persistât dans la voie où il s'était engagé. Il ne doit pas s'en tenir à ses faciles improvisations. Sa vive intelligence de la nature extérieure l'appelle à de plus sérieuses destinées.

M. Gudin se relèvera-t-il ? A-t-il consenti à choisir dans ses voyages autre chose que des soleils levants ? A-t-il senti la nécessité de donner à ses figures des formes humaines et intelligibles, à l'eau de la légèreté, de la transparence, à l'horizon des lignes ondulées, successives, poétiques ? Je le souhaite de tout mon cœur.

Entre les noms que j'ai prononcés tout à l'heure, il en est deux surtout qui nourriront la discussion, Paul Huet et Charles de Laberge. La vue de Saint-Cloud sera vivement critiquée malgré les belles parties qu'elle renferme. Les figures seront blâmées avec raison. La vue de Rouen recevra de nombreux suffrages ; l'habile combinaison des lignes, l'immensité de la perspective, la forme heureuse et vraie des dunes, la solidité des premiers plans, la pâte légère et floconneuse du ciel, ne laissent rien à désirer. Un paysage tout entier d'invention, un effet de soir, de l'eau sur le bord du cadre, au second plan un bouquet d'arbre, et au fond les ruines rouillées d'une abbaye, valent mieux encore. La vue de Rouen peut lutter avec les Turner ; celui-ci se peut comparer, pour la grandeur et la poésie, aux meilleurs de notre Claude Lorrain. — Le médecin de campagne de M. Charles de Laberge se distingue par une grande finesse, et une exécution très amenée. Les terreins sont bons ; les murs sont crayeux ; les attitudes sont vraies. Mais il est à craindre que la manière de l'auteur ne devienne trop précieuse. Ruysdael et Teniers ont trouvé moyen d'allier la finesse à la naïveté. M. C. de Laberge n'évite pas toujours la dureté.

Je ne sais pas encore quel tableau Decamps nous enverra d'Italie. J'ai vu plusieurs toiles commencées, entre autres une ruine grecque, délicieuse de pâte, de couleur, de lumière incandescente. De toutes ses esquisses, je n'en sais pas une qui ne pût entre ses mains devenir une composition excellente. Mais je souhaiterais surtout qu'il envoyât au Louvre quelques-uns de ses pastels ; car personne aujourd'hui n'approche de sa prodigieuse habileté dans ce genre. Depuis les admirables portraits de madame de Latour que nous reverrons cette année, la France n'a rien eu d'aussi léger, d'aussi éclatant.

M. Godefroy Jadin, qui s'est fait, dans la peinture de la nature morte, une réputation méritée, et qui au dernier salon nous avait donné un paysage d'une grande vérité, mais un peu froid, a fait de grands progrès. Sa partie de chasse est un bon morceau. C'est une composition très simple, mais pleine d'animation et de naturel. Le ton des arbres est haut et nourri. Il n'y manque peut-être qu'un peu d'air qui joue librement dans les branches.

Granet, talent sans modèle et sans rival parmi nous, que Stanfeld et Prout avouent pour leur frère, envoie un tableau très supérieur à sa Justice de Paix qui était un chef-d'œuvre. Heureux peintre qui ne connaît pas l'envie, qui la désarme par l'exquise harmonie de ses inventions !

La sculpture cette année sera plus heureuse qu'au salon dernier. Les deux maîtres les plus habiles que nous ayons aujourd'hui, David et Pradier, se trouveront ensemble. Une figure couchée, destinée au tombeau de Marcos Botzaris, révèle dans le premier une grâce et une souplesse qu'on ne lui connaissait pas. Les bustes admirables de Bentham et de Châteaubriand ne laissaient aucun doute sur sa puissance de modelé ; mais on pouvait ne pas deviner son aptitude pour un art presque oublié depuis la Diane de Jean Goujon. Sa jeune Grecque sera pour nous un beau sujet d'études. — Nous croyons devoir l'inviter publiquement à envoyer au Louvre ses statues de Corneille, de Jefferson et du maréchal Gouvion de Saint-Cyr, et les bustes nombreux de ses ateliers : Paganini, Boulay de la Meurthe, George Cuvier, etc.-Le Cyparisse de Pradier est, à mon avis, le meilleur ouvrage sorti de son ciseau. Les lignes sont charmantes, et dans la statuaire c'est un grand point. Chaque morceau pris en lui-même est plein de grâce et de souplesse. Le torse est divisé en plans jeunes, choisis, élégants. Si l'auteur avait voulu renouveler la supercherie de Michel Ange et enterrer son marbre, il n'eût tenu qu'à lui d'abuser les antiquaires et de placer sa création parmi les monuments de la belle sculpture grecque. Sa statue de Rousseau ne me plaît pas autant. Je dirai pourquoi.

Barye, qui continue laborieusement ses études zoologiques, créateur d'un genre dans lequel l'antiquité a laissé peu de monuments, expose un lion, magnifique qui se place d'emblée à côté des beaux fragments d'Olympie récemment retrouvés. Il trouve dans son ébauchoir la même finesse et la même vérité que Landseer. Nous aurons des critiques très sérieuses à développer sur cette œuvre capitale. Nous rechercherons jusqu'à quel point la statuaire peut négliger les grandes masses, c'est-à-dire se passer d'exagérations et de sacrifices.

Un groupe de M. Étex, la famille de Caïn après le meurtre d'Abel, mérite une attention toute spéciale. Nous aurons à examiner quelles sont dans la statuaire les limites de L'expression, jusqu'à quel point le laid peut servir à traduire l'horreur. Nous discuterons les lois de combinaison qui doivent présider à l'exécution d'un groupe, et aussi quelles inflexions musculaires, abordables dans la peinture, doivent être bannies du domaine de la statuaire. D'avance nous pouvons assurer qu'il y a dans ce groupe des portions très remarquables. M. Étex a dignement profité de son séjour en Italie, Il serait fort à souhaiter que tout les pensionnaires de l'académie prissent exemple sur lui.

Une statue, fondue à cire perdue par Honoré, de M. Duret, se distingue plutôt par la réussite du procédé que par l'importance, de l'œuvre en elle-même. Il est visible que l'auteur se contente trop facilement, et a pris au sérieux le succès de son Mercure ; il a eu le tort très grave d'estimer pour une invention personnelle un pastiche assez adroit de réminiscences antiques.

J'éprouve un plaisir très vrai à louer deux jeunes gens, qui, par leur persévérance et la grâce toute spéciale de leur manière, peuvent prétendre à de légitimes encouragements ; j'entends parler de MM. Chaponnière et Antonin Moine. Le premier, qui au dernier salon avait envoyé un groupe de Daphnis et Chloé plein de poésie et de naïveté, mais trop simple peut-être dans la disposition des lignes et des plans, a fait du duc de Nemours un buste charmant. La tête du jeune prince est d'une grande vérité ; je ne parle pas de la ressemblance, mérite vulgaire, bon tout au plus pour les extases de famille : je veux indiquer la souplesse et la minceur de la peau, l'âge des tempes, du front et des pommettes, choses si rebelles au ciseau quand le modèle n'est pas arrivé à une complète virilité, comme le savaient si bien les anciens, qui l'ont prouvé plus d'une fois. Les vêtements sont disposés avec une élégance remarquable. Les statuettes du même auteur, les portraits de MM. Pradier et Tiolier, celui de mademoiselle Juliette, révèlent aussi de précieuses qualités. — Le buste de la reine, par M. Antonin Moine, résoudra une grande question dans l'histoire de la sculpture moderne. Après avoir admiré, comme nous l'espérons en toute sécurité, le masque, la coiffure, la robe, les plumes et la chaîne, personne ne voudra plus nier la convenance de notre costume, dans l'exécution d'un buste de femme. Les femmes de la cour de Henri II, qui semblent, dans les galeries du musée d'Angoulême, attendre le retour des fêtes du vieux Louvre, ne sont pas plus gracieuses ni plus vraies. Sans plagiat, sans pastiche, sans mesquine imitation, M. Antonin Moine a trouvé moyen de rappeler la sculpture de la renaissance. C'est un grand bonheur, qui n'était réservé qu'à des études sérieuses. — Nous aurons plusieurs chicanes à faire sur l'architecture du masque, sur la solidité des masses principales, nous critiquerons peut-être certains détails d'ajustement ; mais il faut nous réjouir de cette nouvelle conquête de l'art moderne.

Ce rapide sommaire suffit à montrer toute l'importance du salon de cette année, et en même temps l'étendue et la difficulté des devoirs de la critique.

Outre l'analyse des ouvrages de peinture et de sculpture pris en eux-mêmes, outre l'intelligence et l'explication d'une toile ou d'un marbre, nous aurons à poser des questions plus générales et plus hautes, à conclure, du caractère de l'art dans notre époque, les besoins et les espérances des esprits, l'avenir prochain de la théorie et de la pratique, à prévoir les réactions qui se préparent ; à prononcer l'oraison funèbre des écoles qui s'éteignent, des principes qui se meurent, et enfin, s'il est possible, à donner la raison de ces changements, à les amnistier au nom de l'histoire.

Nous n'avons pas besoin de remonter bien haut : prenons seulement le dix-neuvième siècle à son début, à l'école de David. Que signifie la volonté à laquelle nous devons les Sabines et les Horaces ? N'est-ce pas tout simplement une révolte sérieuse contre la peinture coquette, lascive et dévergondée de Boucher, de Watteau, de Vanloo ? Il y a deux sortes de novateurs, ceux qui détruisent et ceux qui édifient ; les premiers sont plus nombreux, et laissent rarement après eux un nom éclatant et durable : David est de ceux-là. Il n'a rien fondé ni par lui-même, ni par ses élèves demeurés fidèles. Mais son passage n'a pas été inutile. Il a ramené le goût public et la pensée des artistes à des études fausses, exagérées, plus sculpturales que pittoresques, mais sérieuses, sévères et difficiles. Il n'a choisi dans le passé aucun moment capital pour en extraire la pensée dominante et la reproduire, ou pour y découvrir un germe caché et le féconder : sa vue n'allait pas si loin. Mais il a pris en répugnance la peinture dégénérée de son temps, et il a tenté la réforme en transportant sur la toile les lignes systématiques et les plans musculaires, harmonieusement divisés, des marbres grecs et romains. Il s'est trompé sans doute. Mais

PREMIÈRE PARTIE

son erreur n'a pas été sans profit. Qui sait ce que nous lui devons ?

La peinture de la restauration, inspirée d'abord par des accidents extérieurs, n'a pas tardé à comprendre la mission historique qui lui était réservée. Elle a foulé aux pieds les principes de l'école impériale qui avaient fait leur temps et achevé leur rôle ; elle a pris, au-delà de la Manche, les enseignements immédiats dont l'origine remonte aux maîtres de Venise ; après avoir renversé la statue de David, elle a placé sur l'autel l'image de trois nouveaux dieux, l'auteur des Noces, l'historien de Marie de Médicis, et l'héritier direct de Joshua Reynolds et de Vandyck. Mais il semble que jusqu'ici les occasions ou les hommes lui ont manqué pour continuer dignement la biographie de ces aïeux illustres. Il y a eu des artistes éminents, les grandes œuvres ont été rares. Forcée de produire plutôt pour les cabinets des curieux et le plaisir des oisifs, que pour la décoration des monuments et l'admiration populaire, elle a souvent préféré l'effet d'une improvisation effrontée à la valeur d'un travail pénible, le succès à la gloire. Ses devanciers, il faut le dire, se sont conduits comme le chien du jardinier, ils ont défendu la proie sans la dévorer. Ils ont envahi les galeries et les palais, sans y laisser de traces.

Mais ce qu'il importe de saisir nettement dans l'art de la restauration, c'est la prédominance à peu près constante de la forme sur la pensée, de l'impression vive et passagère sur l'émotion lente, successive, rare, mais durable. Prenez, dans l'imagination française depuis 1815 jusqu'à 1830, tel instrument qu'il vous plaira, le marbre, la toile, la parole ou l'orchestre, et vous trouverez toujours le Caprice au lieu de la volonté, la débauche au lieu du recueillement, le contentement de soi-même au lieu d'une expression nette et concise, conclusion dernière et définitive de plusieurs épreuves, douloureuses. La fantaisie, vierge pure, vouée à l'amour des plus hautes facultés, cède la place à une femme sans nom, courtisane lascive, habile à réveiller les sens, ou à les endormir par l'épuisement.

Le temps est venu pour la pensée de tenter d'autres destinées. Quoi qu'elle fasse, la nécessité aura bien raison de sa paresse ou de son dédain. L'art matérialiste et puéril doit disparaître, Dieu seul sait pour combien de temps, et la génération nouvelle fondera un art spiritualiste et sérieux ; les yeux se reposeront, et l'âme reprendra son travail et son rôle.

Pour la poésie littéraire, je ne crois pas qu'on veuille contester cette affirmation. Le roman écossais et le drame shakespearien, qui ne relèvent ni d'*Ivanhoe* ni d'*Othello*, n'ont fait qu'ouvrir la voie. Le roman et le drame qui doivent naître se passeront bien de titres héraldiques, et n'inscriront pas dans leur généalogie le siècle d'Élisabeth ou celui de George IV. Il faudra bien qu'il se trouve pour mettre en scène une action, ou pour développer dans un récit des passions et des caractères, une méthode qui ne vienne ni d'Athènes ni d'Edimbourg. A cet égard, nous n'avons rien à craindre : nous avons toute l'histoire en otage.

Le génie humain qui a bien su se transformer pour bâtir le Parthénon, après avoir élevé dans Memphis des temples de granit, qui a renouvelé sa puissance pour construire les cathédrales de Cologne et de Reims, de Durham et de Strasbourg, le palais ducal des doges et le château de Gaillon, l'architecture n'est pas encore épuisée. Après avoir substitué au libertinage fastueux de la régence et de Louis XV le pastiche mesquin des ruines romaines, après avoir placé au-devant du parlement de France le fronton de Jupiter Stator, il faudra bien qu'elle change de route, et qu'elle abatte elle-même les buissons du sentier, avant de faire un pas. C'est une erreur de croire que Guttemberg a tué Palladio. Il n'en est rien. Car depuis Louis XI jusqu'à Louis XIII, l'architecture a marché aussi bien que de Pisistrate à Périclès, depuis le jour où les poèmes d'Homère furent réunis pour la première fois, jusqu'au jour où le vieux Sophocle fut vaincu par le jeune Euripide.

La dernière école musicale d'Italie agonise et va mourir. L'artiste prodigieux qui succède dans l'histoire à Mozart et Cimarosa jouit, dans le silence, de sa gloire aujourd'hui incontestée, mais prévoit lui-même que son règne finit. Il a mis à bout l'ivresse des sens ; il faut maintenant que le cœur ait son tour. Est-ce dans les cendres de Beethowen qu'il faut aller chercher le secret encore irrévélé ? Je ne sais, mais j'incline à croire que don Giovanni, Oberon et le Matrimonio auront sur le génie inconnu que nous attendons une influence aussi directe que la symphonie pastorale ou la symphonie héroïque.

La peinture n'échappera pas à cette loi générale de renouvellement. Les faits extérieurs, aussi bien que les révolutions accomplies au sein de la pensée, viendront en aide à cette métamorphose. L'exil d'une dynastie, qui devait changer les institutions politiques, ne laissera pas sans y toucher les mœurs, le goût et l'invention pittoresque. Le passé, en perdant l'estime des législateurs et des publicistes, ne sauvera pas du naufrage l'admiration des artistes ; non pas que je veuille proscrire l'étude et la reproduction de l'histoire, mais les annales modernes changeront de sens et de valeur ; au lieu de chercher dans un siècle sa physionomie extérieure, son apparence corticale, L'âme voudra en deviner la signification, en interpréter la pensée ; à la peinture *visible* succédera la peinture *intelligible* ; on ne croira plus avoir rivalisé avec les maîtres en copiant une ogive, une épée ou un pourpoint. La partie locale et chronologique va s'effacer de plus en plus, et la partie humaine reprendra l'importance qui seule assure l'immortalité poétique.

Le génie qui doit réaliser cette prophétie et la personnifier ne fera pas, comme le disent quelques esprits timides, un travail de conciliation, mais un progrès, Il ne choisira pas dans les chefs-d'œuvre nés en Europe depuis quatre siècles les manières les plus éclatantes pour les réunir et les absorber l'une dans l'autre. Il ne se trompera pas si lourdement, et ne voudra pas imiter le musicien maladroite indécis qui, en passant de l'Allemagne à l'Italie, est demeuré sans patrie. Il prendra dans cette famille élue un ami et un conseil ; il se confiera à son enseignement, non pas pour s'y arrêter, mais pour entreprendre un nouveau voyage, à ses risques et périls, après avoir appris de lui le mystérieux itinéraire.

N'en doutons pas, les madones idéales de Raphaël, les convives éclatants de Paul Véronèse, les naïades charnues de Rubens, ou les têtes lumineuses de Rembrandt, peuvent inspirer l'invention, mais non pas la suppléer.

Pour résoudre le problème de la peinture historique, tel qu'il est aujourd'hui posé, avec les éléments fournis par les deux écoles françaises du dix-neuvième siècle, à savoir celle de l'empire et celle de la restauration, il y a deux méprises à éviter, et toutes deux également dangereuses. Par un soudain retour aux traditions pittoresques du seizième siècle de l'Italie, le plus haut génie s'exposerait à l'ingratitude et à l'obscurité ; s'il pouvait recommencer Raphaël littéralement, il ne trouverait pas Jules II et le Vatican ; et le sentiment religieux, attiédi dans les masses, chastement recueilli au foyer de quelques âmes, ne convertirait pas sa reconnaissance en popularité. Et puis, qu'on y prenne garde, la vie romaine, simple, naïve, spontanée jusque dans ses dérèglements, permettait, au peintre des Loges, des combinaisons purement linéaires que la vie française accueillerait par le dédain. Il nous faut et nous voulons des compositions plus savantes et plus motivées. Nous ne consentons pas à la valeur individuelle et indépendante de chaque figure dans un tableau de vingt pieds. Nous demandons compte à tous les acteurs de leur attitude et de leur geste, aussi bien que du plan où ils sont placés, et de la gamme de ton qui les caractérise. Nous admirons, et nous n'aimons pas. Nos plus vives simpathies ne sont guère que des approbations sérieuses. — Si pour satisfaire ce besoin de raison qui domine et gouverne nos impressions, si pour fermer la bouche aux récriminations du cerveau, qui gourmande les yeux et le cœur, le peintre essaie sur la toile un drame complexe, il peut lui arriver de dépasser les limites de son art, et d'exiger de sa palette une obéissance et une souplesse qui n'appartiennent qu'à la parole. La main la plus habile ne peut rivaliser avec les lèvres. Il faut qu'elle restreigne sa volonté dans un cercle beaucoup plus étroit, sous peine de voir sa pensée, malgré les efforts les plus patients, n'arriver sur la toile que boiteuse et mutilée. — Si je ne dis rien des peintres qui veulent réduire la peinture à la copie de la réalité, c'est que leur avis ne compte pas, c'est qu'ils ne soupçonnent pas le sens de leur art.

Le paysage est aussi en travail de renouvellement, et commence à comprendre qu'il ne s'est pas régénéré, comme il l'espérait d'abord, en empruntant à la dernière école anglaise sa couleur éclatante et l'effet saisissant de ses lignes et de ses plans, disposés avec une adresse merveilleuse, mais trop intelligible et trop semblable à elle-même dans les artifices qu'elle emploie. Il lui a pris tout ce qu'il pouvait lui prendre, c'est-à-dire le mécanisme extérieur de sa méthode. Mais il il n'a pu lui dérober la partie intime et personnelle de son talent, il n'a pu apprendre d'elle ce qui ne s'enseigne à personne, ni par personne, l'interprétation de la réalité. Et puis, après le premier éblouissement d'une admiration naïve, l'esprit judicieux des jeunes artistes de France ne s'est pas refusé à reconnaître que la dernière école anglaise sacrifie trop souvent le charme à la séduction, la beauté profonde à l'attrait passager. — Alors ils se sont mis à reculer dans le passé ; ils sont entrés hardiment dans les écoles flamande et hollandaise ; ils n'ont regretté, Dieu merci, ni leur temps ni leurs efforts, et ils ne les ont pas perdus ; ils ont acquis dans ce nouvel apprentissage des secrets que l'Angleterre n'aurait pas su leur révéler, l'exquise finesse de détails, la simplicité de composition, la sobriété des effets. — Mais la grandeur, où la trouver ? Les plus modestes et les plus persévérants ont prononcé sans hésitation deux noms que l'ingratitude et l'ignorance voulaient oublier et proscrire, Claude Gelée et Nicolas Poussin, deux grands poètes épiques, qui se placent par la sublimité de leurs conceptions, par la sagesse harmonieuse des épisodes, par le sens mystérieux et divin de leurs œuvres, entre Homère et Milton. Or, nos mœurs et nos habitudes ne se prêtent pas volontiers à ces impressions solennelles et graves. Si ces demi-dieux revenaient parmi nous, leur génie suffirait à peine à violer la triple enceinte de mesquinerie, d'indifférence et de frivolité qui défend nos cœurs contre la puissance des grands spectacles.

Pourtant il faudra bien que le paysage prenne un parti, qu'il se résolve à se frayer une route au-delà des tombeaux qui bordent les routes anciennes.

La sculpture a subi parmi nous, comme chez les autres peuples de l'Europe, bien des transformations douloureuses, et souvent elle a été menacée de mort. Depuis les cariatides du vieux Louvre jusqu'aux bas-reliefs de l'arc du Carrousel, depuis François 1er jusqu'à Napoléon, quelles destinées orageuses et diverses ! Aux premiers jours de la renaissance, entre Diane de Poitiers et la comtesse de Châteaubriand, on eût dit qu'elle revenait aux grandes inventions du génie grec, au siècle merveilleux de Phidias et de Périclès ; sous sa main toute puissante, le bronze et le marbre s'animaient comme le chaos sous le doigt de Dieu. L'art italien rivalisait de prodiges avec l'art de France ; l'élégance et la grâce étaient partout, à l'hôtel Carnavalet, au château de Chambord ; alors un seigneur couronné de perles ou de fleurons eût rougi d'avoir dans son palais une salle nue et déserte ; les plafonds étaient vivants ; un lit, un fauteuil, un priedieu, devenaient sous le ciseau de l'artiste de véritables personnes ; l'âme était partout présente, comme le sang dans les veines.

Après Jean Goujon, qui joue en France le même rôle que le beaufrère de Panoenus dans la Grèce, Pierre Puget reprit la tâche de Pythagore de Rhège ; il tenta l'expression de la souffrance, et l'on sait s'il a réussi : la chair palpitante qui se déchire en lambeaux sanglants sous les griffes et les dents du lion, la tête et la poitrine de Milon torturées par la douleur suffiraient à sa gloire, et le dispenseraient des monuments admirables dont il a doté sa patrie.

Mais Puget n'était pas de son siècle, et Voltaire, qui avait pu recueillir l'opinion populaire, le place fort au-dessous de Girardon. Les beaux esprits et les courtisans de Versailles estimaient les fleuves des bassins et les termes des allées à l'égal de l'Andromède et du Diogène.

Coyzevox, Coustou, Lepautre, Pigal et Houdon, chacun selon leur force et leur génie, ont géré l'héritage qu'ils avaient recueilli, mais sans l'agrandir et le féconder. Les chevaux de Marly, le joueur de flûte, l'Anchise, malgré leurs belles parties, ne soutiennent pas la comparaison avec les chefs-d'œuvre de leurs ancêtres.

Aujourd'hui nous avons peine à comprendre la popularité de la sculpture impériale. Les formes rondes et sèches, les draperies mesquines et anguleuses, l'étrange association des lignes et des attitudes romaines avec les armes et les vêtements de 1810, la burlesque singerie de la colonne trajane n'excitent plus ni colère ni pitié. Toute la critique se réduit à l'étonnement.

Aussi bien l'étonnement lui-même s'évanouit devant la réflexion. Les guerres d'Athènes et de Florence, qui n'ont pas arrêté le paisible développement de la fantaisie, n'avaient pas les mêmes origines ni le même caractère que les guerres de France, depuis 1799 jusqu'en 1815. Les démocraties aristocratiques de la Grèce et de l'Italie pouvaient mener de front le départ d'une flotte, la signature d'un traité et la construction d'un monument. Elles n'avaient pas à contenir, par la dictature militaire, tout un peuple harassé de luttes intestines, dégoûté de ses plus chères espérances par dix ans d'efforts et de déceptions, empressé à l'abdication de ses droits comme un enfant qui reviendrait à son tuteur pour se sauver de la ruine.

C'est pourquoi la statuaire, la plus idéale de toutes les fantaisies, n'avait pas de place marquée entre la conquête de l'Italie et la retraite de Moscou. Napoléon pouvait bien commander à des ouvriers dociles de ciseler le marbre ; mais le peuple avait plus de souci d'un bulletin que d'un monument.

Les dix-huit dernières années ont été marquées par un retour sérieux vers deux époques de l'histoire, séparées l'une de l'autre par un espace de vingt-et-un siècles. Les jeunes gens qui se croient exclusifs, et qui sont loin de l'être, veulent reprendre la sculpture à la veille de Marignan. D'autres, ennemis des novateurs, prétendent suivre les traditions qui faisaient la gloire d'Argos et de Corinthe pendant la guerre du Péloponèse. A mon avis, ils se trompent tous en voulant s'exclure. Ces deux âges de l'art sont unis ensemble par une étroite fraternité. Il faut les admirer tous les deux avec le même enthousiasme ; mais ceux qui veulent vivre dans l'avenir ne doivent y voir qu'un enseignement fécond, et non pas une lettré impérieuse.

Le salon de cette année résoudra, je l'espère, une partie de ces questions.

DEUXIÈME PARTIE

§.I M. HORACE VERNET

Entre les huit toiles envoyées de Rome par M. Horace Vernet, il en est deux surtout qui doivent appeler l'attention de la critique,

Raphaël au Vatican, et le départ du duc d'Orléans pour l'Hôtel-de-Ville. Si l'auteur s'est promis cette fois de donner un éclatant démenti aux récriminations, s'il espère prouver d'une façon décisive que son talent doit tenter et réaliser de plus sérieuses destinées, de plus glorieux triomphes que les toiles de chevalet, les pochades - l'atelier, ou les charges militaires, c'est à ces deux compositions qu'il doit demander un brevet de génie pittoresque. Comme nous sommes absolument désintéressés dans la question, comme nous tenons avant tout à nous éclairer, nous ne refuserons pas de reconnaître toutes les qualités que nous pourrons découvrir par l'étude. Si l'analyse impartiale de ces deux poèmes lui donne raison contre nous, nous n'hésiterons pas à déclarer que depuis six ans nos yeux étaient voilés, et qu'une soudaine lumière vient de les dessiller. Qu'il en soit ainsi ! si Dieu le veut ; nous serons les premiers à nous en réjouir. Nous avouerons sans honte et sans répugnance, une fois convaincu, que Philippe-Auguste et Jules II, Léon XII et Judith, sont de grands et admirables ouvrages ; nous confesserons notre aveuglement et notre injustice, nous ferons amende honorable, et nous ne reculerons pas devant le repentir.

Essayons. — Quelques lignes de M. Quatremère-de-Quincy ont fourni à M. Vernet le sujet de son premier tableau. Je transcris littéralement, parce qu'ici chaque mot renferme un sens important. « Michel-Ange rencontrant Raphaël dans le Vatican avec ses élèves, lui dit : Vous marchez entouré d'une suite nombreuse, ainsi qu'un général. — Et vous, répondit Raphaël an peintre du Jugement dernier, vous allez seul comme le bourreau. »

Toutes les fois qu'il s'agit d'une critique spéciale, d'une forme déterminée de l'art, je crois qu'il faut prendre garde de recourir trop vite aux idées générales. Les conceptions *à priori*, excellentes et indispensables lorsqu'il s'agit d'enseigner l'intelligence idéale du beau pris en lui-même, tombent souvent à faux lorsqu'on veut s'en servir pour estimer une œuvre qui, au moment de sa naissance, a revêtu un caractère individuel, et par cela même a cessé d'obéir immédiatement à des lois abstraites, pour se soumettre à des lois plus étroites et plus positives. En d'autres termes, l'idée qui prend pour interprète la forme, la couleur ou la parole, doit être jugée d'abord d'après les préceptes qui conviennent à chacun de ces signes de la pensée, avant d'être appréciée absolument, indépendamment de la révélation qu'elle a choisie. — Voyons d'abord si le tableau est bon, nous verrons ensuite si le sujet pouvait et devait devenir un tableau. De cette sorte, je l'espère, l'obscurité apparente de ces prémisses se dissipera

Gustave Planche

complètement.

Bien que la foule puisse aujourd'hui librement contempler la toile de M. Vernet, je vais la décrire dans l'ordre selon lequel je l'ai successivement aperçue, pour mieux faire comprendre mes observations. J'ai d'abord été frappé d'un groupe de jeunes gens, élégants, coquets, placés vers le milieu du cadre. Ce qu'ils veulent et ce qu'ils pensent, je n'en sais rien. Ils s'occupent, je crois, à faire bonne figure. Un second regard, plus attentif et plus pénétrant, découvre parmi eux une tête plus fine, plus accentuée, et qui a bien quelque ressemblance lointaine avec les portraits de Raphaël. C'est là j'imagine le noyau de la composition : c'est Raphaël au milieu de ses élèves. Le maître tient le crayon et parait dessiner ; mais, chose singulière, ses yeux au lieu de suivre les traits de son crayon, ou d'épier les lignes et les contours d'un visage, vont au-devant du public, sans plus. Où est le modèle qu'il copie ? Ce n'est pas une chose facile à deviner. Pourtant je découvre à gauche une femme endormie, qui tient un enfant ; il est vrai que placé comme il l'est, le peintre ne la voit pas ; mais cependant je suis forcé de croire que c'est d'elle que son crayon s'occupe ; comment ? Je n'en sais rien, apparemment par divination ; car à coup sûr ce ne peut être le groupe de femmes assises à droite, plus éloignées encore de la direction de ses regards.

Je dois donc croire jusqu'à présent que le sujet réel du tableau, empreint d'une simplicité italienne ou flamande, n'est autre que Raphaël au milieu de ses élèves.

Que signifie cette figure à mi-corps, enfouie dans la bordure, coiffée d'un bonnet rouge, et portant l'écorché de Michel-Ange ? Serait-ce, par hasard, l'auteur du Jugement ? A vrai dire, la médaille qui porte son nom, et qu'on lui attribue, ne ressemble guère à ce personnage ; et si, du caractère extérieur et visible, nous passons à la physionomie morale, est-ce bien là ce *vieux tailleur de pierre* qui déplore dans ses sonnets la douloureuse solitude de son génie, et qui, près de quitter la terre, doute pour la première fois de la religion de toute sa vie, du Dieu de toutes ses journées, de l'art qu'il a dévotement servi ? Non ; mais disons oui pour un instant.

Que fait ce nouvel acteur ? A qui s'adresse-t-il ? A Raphaël qu'il ne voit pas et qui ne le voit pas ? Que penser ? D'ordinaire les gens qui se parlent se regardent. Or, ici, je vois tout simplement quelqu'un qui s'en va, et quelqu'un qui demeure ; d'interlocuteurs, il n'y a pas trace.

Après ces premières et rapides études, les yeux vont plus avant et aperçoivent les galeries du Vatican, lointaines, pâles, effacées ; puis, vers la gauche, sur une terrasse, un pape qui semble vouloir deviner le sens de la scène, mais placé trop loin pour le soupçonner. Son geste, son attitude, l'expression de sa figure, sont également indécis et ne révèlent pas quelle part il peut prendre au drame qui se joue. Il doit être à peu près à vingt pas de Raphaël et de Michel Ange. Il se trouve là sans doute fortuitement.

Comptons maintenant : nous avons un sujet non réalisé, eu égard à la position du peintre et du modèle ; un interlocuteur qui ne peut ni entendre ni parler ; un acteur curieux placé trop loin pour pouvoir justifier son inquiétude. Je ne dis rien des coiffures et des tabliers qui garnissent la droite, et qui couvrent la toile sans la remplir.

Je crois être sûr que ces trois parties du tableau sont nées dans l'ordre que j'ai suivi. Il est fort inutile de discuter le mérite de cette composition. Tout le monde comprend de reste qu'elle ne résiste pas à l'analyse, et qu'elle n'a pas en elle-même un seul élément de vie.

Y a-t-il dans l'exécution d'une ou de plusieurs figures les qualités solides qui distinguent les grandes œuvres de l'école espagnole ou italienne, et suppléent par la valeur des morceaux à l'absence de combinaison dramatique ? mon Dieu non. C'est partout et à tout propos une facilité déplorable, une indication superficielle et hâlée, une petite manière, coquette, propre, nette, inoffensive, une ébauche du premier coup, sûre d'elle-même, qui se croit trouvée et qui n'est pas même cherchée. Rarement ai-je vu réuni sur une toile de pareille dimension un tel nombre de qualités négatives couleur convenue, sans ardeur et sans vivacité ; lignes possibles, mais non pas nécessaires ; attitudes froides, mais claires, d'autant plus intelligibles qu'elles sont moins significatives.

Nous pouvons maintenant aborder une question plus haute et plus générale. Est-ce que avec les lignes biographiques que nous avons citées, il est possible de composer un tableau ? est-ce qu'un des génies les plus éminents du passé, choisi dans telle école qu'on voudra, Léonard, Raphaël ou Rubens, aurait jamais tenté de réaliser à sa manière un sujet de ce genre ? Est-ce que l'un de ces grands maîtres aurait jamais essayé de reproduire ou de poétiser autre chose qu'une action visible, un geste, une scène, révélable par l'expression des physionomies ? est-ce que l'un d'eux aurait jamais cru qu'une parole, si belle soit-elle, peut être peinte ? Est-ce que dans *la vie de Constantin*, *la Genèse* du Vatican ou *la Cène*, il y a quelque chose d'analogue ? Je crois qu'on peut hardiment répondre par la négative.

Le départ du duc d'Orléans pour l'Hôtel-de-Ville est une composition fort inférieure à la précédente.

Ici, on le voit tout d'abord, le sujet ne se refusait pas à la peinture. Il y avait un drame, réunissant toutes les conditions poétiques que l'artiste peut souhaiter. Unité : la joie populaire, l'enthousiasme, les exclamations, l'étonnement, la curiosité, l'attente, sur tous les visages ; variété : les mille accidents, les innombrables épisodes qui accompagnent toujours la guerre civile et la délivrance d'une nation.

Je ne sais guère d'objection sérieuse contre un pareil sujet, que la mesquinerie de notre costume. Et en effet, je conçois très bien qu'un peintre préfère l'époque de Louis XIII ou de Charles Ier, pour l'élégance des formes et l'éclat des couleurs ; mais ce n'est là qu'une difficulté médiocre. Une fois la donnée acceptée, il est possible, à coup sûr, de l'assouplir et d'en avoir raison.

Comme toutes les classes du peuple sont mêlées et confondues, il y a, dans l'opposition de la misère et de la richesse, de la jeunesse empressée et de la vieillesse tremblante, un charme singulier, qui n'échappe jamais aux imaginations élevées. Charlet, s'il eût pris en main un pareil problème, aurait bien su le résoudre à sa manière, et glorieusement. Pourquoi faut-il que M. Horace Vernet, après avoir, il y a deux ans, réduit aux proportions de son insouciante facilité une des plus grandes journées de notre première révolution, Camille Desmoulins au Palais-Royal, ait poursuivi sur la dernière son parti pris de traiter lestement toute chose ? — En regardant le tableau de 1831, on pouvait croire que la foule assemblée attendait un feu d'artifice, et montait sur les chaises pour mieux distinguer le sillon lumineux des fusées. Cette fois-ci, c'est bien pire encore : nos souvenirs de trente mois, qui sont encore aussi frais, aussi verts, aussi vivants, que si l'exil d'une dynastie était d'hier seulement, l'image encore présente de la poussière qui recouvrait le sang, des haines qui s'éteignaient dans une commune et sympathique espérance, qu'a-t-il fait de tout cela ? Que veulent dire ces pavés de carton, qui n'auraient pas brisé la glace d'une calèche, qui auraient cédé sous le pied des chevaux ? Où vont ces grisettes endimanchées, ces ouvriers paisibles, ces vieillards sans élan, dont le sang ne s'est pas réchauffé, dont le cœur n'a pas cru rajeunir de quarante ans ?

Si je lisais, au bas de cette toile, que le peuple de France, un jour de fête, regarde passer un roi, qui règne depuis dix ans, je n'aurais que de l'indifférence pour un tableau très médiocrement peint, sans intérêt et sans animation.

Mais il s'agit d'une grande chose, d'une scène imposante, d'un de

DEUXIÈME PARTIE

ces drames gigantesques qui ne se renouvellent qu'à la distance de plusieurs siècles ; jours lumineux et inspirés, qui ravissent la pensée en extase : il nous fallait un chef-d'œuvre, et nous ne l'avons pas.

Il y a deux ans nous avons vu ce que signifiait pour un artiste éminent l'émancipation de la France. Malgré les critiques très sérieuses qui pouvaient s'appliquer sans injustice à la Liberté de M. E. Delacroix, personne, je l'espère, ne voudra nier la puissance poétique de son tableau. Il avait pris à l'allégorie ce qu'elle a de saint et d'auguste, et en même temps, docile aux exigences de son siècle, il avait eu soin de l'expliquer par une réalité saisissable, accessible aux intelligences paresseuses. Comprenant à merveille que les choses et les hommes placés trop près de nous répugnent à la poésie volontaire et artificielle, précisément parce qu'ils sont pleins d'une poésie fatale et réelle, il avait mis à la tête de la canaille sublime une jeune vierge, offrant au plomb et à l'acier sa gorge nue, le front serein et l'œil en feu.

Or, sans refuser de reconnaître que le moment choisi par M. Horace Vernet n'est peut-être pas le plus beau et le plus vif de tous, et ne se peut comparer aux jours précédents, je dois dire cependant qu'une partie des avantages attribuables à M. Delacroix se retrouve dans le départ du lieutenant-général ; c'est encore l'insurrection victorieuse, haletante. Ce n'est plus l'heure du triomphe, c'est la joie qui se repose après la conquête ; le passage du roi futur n'est qu'un épisode secondaire.

Mon intention, on le devine, n'est pas de ravaler le beau poème que j'ai cité jusqu'à la toile mesquine, prosaïque et ridicule qui nous avons maintenant sous les yeux. A Dieu ne plaise ! seulement, puisqu'il n'y a pas de loi qui défende au talent superficiel et frivole de profaner les grandes choses ; puisqu'il est permis à M. Horace Vernet d'écrire sur la toile, sous prétexte de peinture, de petites comédies qui violent la majesté de l'histoire, la critique n'a contre lui qu'un recours, c'est de placer ses œuvres vides face à face avec les œuvres pleines de ses contemporains. Il peut continuer encore, pendant plusieurs années, ce travestissement douloureux de nos annales ; mais nous n'abandonnerons pas le droit de dire publiquement qu'il les travestit : s'il persiste dans sa faute, nous persisterons dans notre inflexible franchise.

Ces réflexions que je donne pour sincères, et qui, malgré leur apparente sévérité, sont loin de contenir toute ma pensée, contredisent, je le sais, l'opinion générale ; une lecture superficielle et hâtée pourra les prendre pour un dédain systématique et concerté ; il y aura même, je n'en doute pas, des gens de très bonne foi qui s'écrieront qu'ayant à choisir entre une vérité simple, accessible à tous, et un paradoxe bizarre, singulier, presque périlleux (c'est du péril de ridicule que j'entends parler, et en France c'est un péril immense), j'ai préféré le dernier parti, pour appeler l'attention, et donner à la critique un intérêt plus animé.

A ceux qui jugent de la sorte, quels qu'ils soient, je répondrai comme font en pareille occasion les hommes sérieux, par le silence. Je ne prendrai pas la peine de me disculper : je ne crois pas que la franchise ait besoin d'excuse. Mais comme, dans les sociétés les plus avancées, les hommes qui pensent par eux-mêmes ne sont jamais en majorité, parmi les doutes que j'éveillerai, il y en aura peut-être de sincères, et qui demanderont pourquoi pendant quinze ans, sur la foi de quelques louangeurs officieux, ils ont cru à la suprématie pittoresque d'Horace Vernet ; pourquoi ceux qui font profession de goût et de sagacité leur ont imposé un axiome ainsi conçu : « L'auteur de Mont-Mirail est le premier peintre de notre époque. »

C'est à ces croyances de seconde main que je m'adresse, c'est à elles que je veux tâcher d'expliquer le sens, l'origine et la valeur de l'admiration qu'ils ont gardée fidèlement, et qui leur échappe ; c'est à elles que je montrerai comment naissent, vivent et meurent les popularités de toutes sortes.

Et comme je suis d'avis que, pour prouver une vérité, pour mettre en évidence une conviction, on ne doit regretter ni les redites, ni même les idées presque démonétisées par la circulation, je prends hardiment mon parti, et j'appellerai à mon aide les souvenirs de tous.

Personne, je l'espère, n'a pu oublier que la restauration ferma les portes du Louvre aux batailles que nous avons vues, il y a. deux ans, sans trop d'empressement ni d'extase ; et pourtant, quand le peintre, pour se venger de l'ostracisme décrété contre lui par la pruderie, des courtisans, ouvrit à la foule son atelier, on n'avait pas assez d'enthousiasme pour ces chefs-d'œuvre prétendus ; les formules les plus délicates et les plus vives de l'éloge traduisaient à grand' peine la joie et la sympathie des curieux. Ce n'était pas seulement de la belle et délicieuse peinture ; c'étaient de grands et patriotiques poèmes, des inventions qui devaient transmettre à nos derniers neveux le souvenir de notre gloire militaire, une protestation généreuse, une réhabilitation énergique des luttes et des victoires que la monarchie voulait condamner à l'oubli.

DEUXIÈME PARTIE

Or, si l'on y prend garde, et pour peu qu'on descende plus avant dans la conscience du passé, la sympathie politique dominait impérieusement l'estime purement pittoresque. Ceux qui gardaient souvenir de la Méduse osaient à peine exprimer leur répugnance pour cette manière petite et mesquine, pour ces fragments d'épopée découpés à la taille d'un couplet de boulevart. Vainement auraient-ils élevé la voix ; leurs plaintes n'auraient pas imposé silence aux acclamations de la foule.

La popularité d'Horace Vernet, interprétée impartialement, sans haine, sans jalousie, sans amertume, n'a plus qu'un sens polémique. L'art, qui ne doit se complaire que dans l'expression d'une fantaisie personnelle, n'avait pas de place possible dans ces pamphlets ingénieux. Ce qui importait à la curiosité des spectateurs et au succès du peintre, ce n'était pas l'image fidèle et poétique des épisodes stratégiques. Non vraiment ; on ne voulait, on ne cherchait dans ces rapides improvisations du pinceau, dans ces débauches et ces coquetteries, que la satire d'un trône rapporté dans les bagages d'une armée étrangère. Pires ou meilleures, les œuvres d'Horace Vernet auraient eu le même succès. On ne jugeait pas ces mordantes allusions au passé, comme des morceaux d'histoire, d'éloquence et de poésie, où la vérité, l'inspiration, le génie, sont une mise indispensable ; on les applaudissait comme une réplique abrupte, incisive, cruelle ; on les aimait comme une vengeance dont on prenait sa part.

Et vraiment, ce qui est arrivé aux toiles d'Horace Vernet n'a pas lieu d'étonner ceux qui suivent d'un œil assuré la destinée de la pensée. Rarement s'est-il rencontré une œuvre humaine qui fit jugée du premier coup, en elle-même et pour elle-même. Ceux qui estiment un poème, un tableau, une statue, un opéra, pour les mérites qui lui sont propres, sans tenir compte des amitiés du poète du sujet préféré par le peintre, de l'éclat du marbre ou de la grâce des ballets, sont en petit nombre, et n'obtiennent, pour prix de leur impartialité, que le surnom de fâcheux et d'indifférents.

Le succès des batailles d'Horace Vernet s'explique absolument comme celui des Messéniennes, comme celui des pitoyables tragédies effacées maintenant de toutes les mémoires, où la paraphrase ampoulée d'un dialogue de Montesquieu, d'une page de Tite-Live, empruntait, pour arriver jusqu'au parterre ébahi, le profil de Napoléon et les souvenirs de la grande armée.

N'est-il pas vrai que la musique déclamée, qui, depuis le Directoire jusqu'à la restauration, s'est appelée en France du titre pompeux de musique dramatique, n'a dû la plus grande et la meilleure part de sa popularité qu'à l'absence presque totale de musique réelle ? Dalayrac et Boieldieu, placés très loin, à coup sûr, de Nicolo et de Méhul, ont bien compris leur mission, et l'ont dignement accomplie. Ils ont noté des scènes d'une sentimentalité vulgaire, qui eussent fait envie aux contes moraux de Marmontel, ou aux nouvelles de Florian ; ils n'ont pas prodigué les mélodies, ni les thèmes originaux ; ils ont senti que le public de leur temps n'aimait pas la musique, et voulait se vanter du contraire. Pour combler ses souhaits, ils lui ont offert de petites comédies mêlées d'ariettes inoffensives, et l'auditoire de Feydeau s'est extasié sur la finesse de ses goûts et la délicatesse de ses plaisirs.

Pareillement, je ne voudrais pas nier qu'Horace Vernet n'ait joué le public de son temps à bon escient. Peut-être s'est-il aperçu que les connaisseurs de Paris mettaient les séances de la chambre fort au-dessus des grands maîtres, qu'ils ne pouvaient mener de front l'idée de liberté et l'idée de beauté ; et, sans se préoccuper plus long-temps de l'art qu'il n'avait pas étudié sérieusement, il a fait de la pein-ture politique : l'évènement a justifié ses espérances.

Aujourd'hui les yeux commencent à se dessiller. Nous avons plus de pitié que de haine pour une couronne tombée dans la poussière, plus de défiance que de sympathie pour la dictature qui sépare la fuite de Varennes du voyage de Cherbourg. Les passions qui ont fait la popularité d'Horace Vernet, sont apaisées ou du moins ont changé de voie. A propos de son nom il ne s'agit plus que de peinture.

Or, sans vouloir le compromettre entre Géricault, Prudhon et Bo-nington, sans lui demander l'énergie, la grâce ou l'éclat de ces trois maîtres, à ne peser que les cendres de sa gloire, nous les trouvons légères, et nous les jetons au vent.

Reconnaissons-le de bonne foi, sans honte et sans confusion, sa peinture n'est que médiocre, et ne possède guère que des qualités négatives. On ne petit lui refuser une grande habileté d'arrangement, et parfois même le naturel des poses. Mais il semble qu'il prenne plaisir à éluder toutes les difficultés qu'il rencontre ; s'il feuillète les chroniques anglo-saxonnes pour y prendre la bataille d'Hastings, il évitera soigneusement la grandeur épique de cette journée ; il laisse-ra derrière le rideau les grandes figures de cette race opiniâtre qui re-levait encore la tête après trois siècles d'esclavage. Nous n'aurons pas le hardi pirate qui prit un royaume comme un butin, et le partagea le lendemain de sa victoire. Non. C'est pour lui une trop large étoffe, et son œil se fatiguerait à suivre les plis de cette pourpre éclatante. Il va choisir sur le champ de bataille trois acteurs seulement, une femme, un moine, et le cadavre d'un guerrier. Pour la première, il la fait belle à sa manière, élégante selon les traditions vulgaires, mais incapable d'amour et de folie ; le moine sera partagé entre l'extase et la stupeur ; sa figure amaigrie, au lieu d'exprimer le recueillement religieux, de bénir les vaincus et d'implorer la clémence pour les débris d'une nation, se divisera puérilement entre l'admiration sensuelle de la beauté d'Edith, et l'effroi des monceaux sanglants qui la veille étaient encore des hommes.

Cette perpétuelle obstination à substituer l'esprit à l'âme, l'amusement à l'émotion, l'adresse à la puissance, révèle et trahit d'une façon irrévocable la médiocrité de l'artiste.

Et, à mon avis, c'est précisément sur sa médiocrité que sont fondées les admirations qui s'acharnent encore sur son nom. Après le don d'invention que Dieu distribue avec une extrême avarice, ce qu'il y a de plus rare, à coup sûr, c'est l'intelligence rapide et spontanée des choses inventées, et en cela nous devons remercier la cause inconnue qui a présidé à l'origine du monde et de l'humanité. S'il en eût été autrement, l'intelligence aurait pleuré l'absence du génie, ou le génie aurait vainement appelé à lui des âmes sourdes à sa voix. A de rares poètes, il fallait de rares admirateurs.

Mais aussi à des inventeurs médiocres, il fallait des sympathies à leurs tailles. Et c'est ce que nous voyons.

La poésie qui, pour le plus grand nombre, n'est qu'un délassement, une distraction, ne se peut pénétrer profondément qu'à la condition de devenir, pour celui qui s'en occupe, un sujet d'étude, un travail, une occasion de volonté, de persévérance, de douleur réelle, ou de joie vraie. Si la *Sainte-Cécile*, ou la *Joconde*, la *Crèche* de Ribeira, ou le Mendiant de Murillo, ne vous donnent que du plaisir, assurez-vous que vous n'aimez pas la peinture.

Or, je pense que cette simple explication doit satisfaire complètement les admirateurs de M. Horace Vernet ; ils s'en amusent, mais ne l'étudient pas. Le public et le peintre ont tous deux raison ; si la critique intervient, c'est seulement pour dire à l'un qu'il n'est pas artiste, à l'autre qu'il se passe de l'art, et ne le soupçonne pas.

Gustave Planche

TROISIÈME PARTIE

§. II. MM. INGRES ET CHAMPMARTIN. — MME L. DE MIRBEL.

Depuis un mois, la foule des promeneurs, prenant exemple sur l'admiration des hommes sérieux, se presse autour du portrait de M. Bertin l'aîné. Sans savoir pourquoi, sans soupçonner, même lointainement, les questions sans nombre, d'histoire et de critique, qui se rattachent à cet ouvrage important, elle se laisse prendre au charme de la vérité. Elle étudie, selon ses forces, les détails de la tête, rendus avec vine si prodigieuse conscience ; elle examine attentivement, avec une joie presque puérile, la réalité des étoffes, la saillie du fauteuil ; elle s'extasie devant l'attitude, si simple et si puissante à la fois ; elle ne se lasse pas de contempler avidement les yeux et les lèvres si pleins de regard et de parole.

Et je veux croire, après mûre réflexion, qu'il y a dans cet enthousiasme deux parts, à peu près égales, d'imitation et d'entraînement. Ils ne savent pas la raison de leur joie, mais ils se livrent aveuglément, et cèdent à l'attrait, sans interroger leur conscience, sans essayer de pénétrer le secret de leurs impressions. Puis, comme en France les donneurs d'avis dominent d'ordinaire les battements de mains, les accélèrent ou les ralentissent au gré de leur voix indulgente ou sévère, la foule, toute spontanée qu'elle soit, n'est pas fâchée d'avoir, pour se raffermir et prendre confiance dans son plaisir, l'approbation des connaisseurs. Si elle courait le danger de l'ignorance ou de la méprise, elle plierait, ferait retraite, éclaircirait ses rangs, et renierait, au besoin, ses premiers applaudissements.

Le succès de ce portrait est donc incontestable. Il a pour lui la double épreuve de l'enthousiasme et de la réflexion ; il séduit et résiste à l'analyse: à ces deux conditions nous en pouvons proclamer la légitimité.

Est-ce à dire pourtant qu'il faille absoudre de tout point les différentes parties de cette composition? N'y a-t-il rien à reprendre, rien à blâmer dans les lignes, le dessin, la couleur et l'expression des morceaux?

Ces questions, qui semblent vulgaires au premier aspect, et qui se peuvent poser à propos de toutes les toiles du Louvre, acquièrent ici une importance toute spéciale, parce qu'il s'agit d'un maître, du chef d'une école aujourd'hui florissante et vénérée, parce qu'il s'agit de M. Ingres. Depuis vingt ans qu'il poursuit laborieusement une volonté une et immuable, il n'a guère varié dans ses doctrines ni dans ses œuvres. Son enseignement, révélé par la parole ou le pinceau, ne s'est jamais proposé qu'un but. L'Odalisque, l'apothéose d'Homère, Virgile, traduisent la même intention. Le portrait que nous avons sous les yeux, rapproché des ouvrages précédents, n'indique pas, dans la pensée de l'auteur, la déviation la plus légère. C'est à cette intention que nous devons demander compte d'elle-même. Et d'abord quelle est-elle? que signifie le système de rénovation proposé par M. Ingres? Est-ce une méthode originale et personnelle, ou bien un ressouvenir du passé? Est-ce une voie inconnue jusqu'ici, ou bien une voie couverte de ruines et de décombres, et qu'il a déblayée! En la suivant, la peinture française est-elle assurée d'un avenir glorieux, ou bien ne doit-elle trouver au bout de ce courageux pèlerinage qu'une cité morte, des autels sans prêtres, des temples muets, des symboles dont le sens est aujourd'hui perdu?

Je me livre bien volontiers, pieds et poings liés, aux railleries des parleurs. Je consens à subir toutes les accusations de pédantisme et d'ergoterie qu'il pourra plaire à ces messieurs de diriger contre moi. Comme depuis longtemps je suis habitué à ne pas voir dans la critique un délassement littéraire, une palœstre phraséologique, une logomachie de rhéteur ; comme je préfère de beaucoup une idée simplement vêtue aux fastueuses coquetteries d'une période sonore et vide, j'accepterai sans colère et sans chagrin toutes les récriminations que je soulève. Je n'attache pas grande importance à m'en tendre appeler professeur d'esthétique ; car en parlant de peinture, selon ma pensée, en remontant de l'œuvre à l'artiste, je n'entends pas apprendre au lecteur les prouesses acrobatiques ou les parades militaires de trois épithètes acharnées sur un mot qu'elles étouffent.

Je dois donc le dire en toute sécurité, le rénovation tentée par M. Ingres, me semble contraire aux lois de la saine logique. Il a fait et fera sans doute encore d'admirables ouvrages. Mais il a contre lui, contre l'avenir et la fécondité de sa méthode, l'histoire tout entière, qui défend de recommencer le passé. Il aurait tort de prendre la peinture à la mort de Raphaël, puisque l'école romaine n'était pas le dernier mot du génie humain, et que l'auteur des loges a trouvé dans les maîtres de Venise, de Bruxelles, d'Amsterdam et de Madrid des rivaux et des héritiers dignes de lui. Il aurait tort d'oublier volontairement les deux siècles révolus qui ont mis au rang des demi-dieux l'amant de la Fornarina. Paul Véronèse, Rubens et Rembrandt ont trouvé et montré des ressources nouvelles ignorées de l'ami de Jules II. Chercher personnellement les procédés consacrés par leur nom, ce serait folie pure. Remonter au-delà de ces rois, méconnaître les dynasties qu'ils ont fondées, vouloir immobiliser la pensée dans les galeries du Vatican, c'est protester contre les lois éternelles qui régissent le développement de l'humanité.

Si l'on découvre dans le passé une conception qui n'a pu se faire jour et se produire, un projet qui n'a pu mûrir, parce que l'air de son siècle ne lui était pas bon, qu'on s'en empare, qu'on le fasse dieu, qu'on le féconde, qu'on l'accouche et qu'on le baptise, à la bonne heure. Mais choisir dans les soixante siècles évanouis une idée venue à terme, qui a joué son rôle et fait son temps, fouiller les cendres des volontés éteintes pour les i-animer, prendre pour guides des yeux qui ne voient plus, c'est une erreur étrange et déplorable.

C'est pourquoi l'admiration sérieuse que je professe pour le portrait de M. Berlin ne trouble en rien mon opinion sur M. Ingres. C'est un chef-d'œuvre de vérité, j'en conviens. Si la main inconnue à qui nous devons la tête d'Ajax, voulait ciseler le marbre d'après un pareil modèle, elle n'aurait rien à regretter et se passerait de la nature. Les mains sont modelées avec une finesse inimaginable. Oui. Mais, après Velasquez et Vandyck, était-il permis de ne tenir aucun compte du ton chaud et vigoureux de la tête originale? Je réponds hardiment : non.

Aux plus beaux ouvrages de M. Ingres, il manquera toujours une condition de popularité, le progrès. Ils auront une valeur savante. Mais, comme ils ne seront pas de leur temps, ils n'obtiendront que de rares suffrages, et le succès que nous constatons ne fait pas obstacle à la réalité de cette prophétie.

M. E. Champmartin conserve, comme nous l'avions prévu, la suprématie qu'il avait acquise, il y a deux ans, dans la peinture de portrait. Nos visites assidues dans la galerie des trois écoles n'ont pas altéré notre première conviction. Après lui, au-dessous de lui, il y a des talents estimables sans doute, engagés dans une route plus ou moins vraie, amoureux du naturel, attentifs à surprendre la réalité, assez habiles à la copier. Mais parmi tous les portraitistes, je ne vois que M. E. Champmartin, qui élève la réalité au rang de la poésie.

Ce serait de notre part une coupable faiblesse que d'accepter le succès unanime de ses poitrails comme une amnistie pour les imperfections que nous y avons découvertes. Il est le premier, je ne le nie pas. Mais ne peut-il pas mieux faire, et ne l'a-t-il pas prouvé?

L'examen successif de ses ouvrages de cette année répondra pour nous. Il en est deux surtout qui ont fixé l'attention, M. le baron Portai et madame la vicomtesse d'H. — Je ne partage pas absolument les prédilections du public. Mais il y a dans ces deux toiles tous les éléments d'une discussion nourrie.

J'ai retrouvé dans la tête du baron Portai les qualités précieuses que j'avais distinguées en i83i dans celle de M. Desfontaines. Le caractère sénile des joues et du regard présentait de grandes difficultés ; il y avait un double écueil à éviter : ou bien en soutenant les plans, le pinceau pouvait rajeunir le visage, ou bien en les multipliant, il tombait dans le détail et appauvrissait la nature. M. Champmarlin a vu ce qu'il fallait faire, et il l'a fait. La ligne du torse courbé par l'âge et luttant pour se redresser est bonne et vraie. Les jambes titubantes, amaigries, et distantes sont bien saisies et bien rendues. Peut-être le vêtement manque-t-il de relief. Le fauteuil et le meuble sont traités avec une adresse merveilleuse. Le défaut le plus grave de cette composition consiste dans l'absence de profondeur. L'Œuvre de Joshua fournit de bons modèles, et c'est là surtout qu'on peut apprendre s'art si difficile d'agrandir le fond d'une toile sans diminuer l'importance de la figure. Je crois que M. Champmartin doit comprendre lui-même ce qui manque au cabinet du baron Portai, et qu'il regrette, comme moi, la précision qui ajouterait au charme de son portrait, et le rendrait plus durable.

Le portrait de madame la vicomtesse d'H.... réunit bien des conditions de succès. Il est plein de grâce et de coquetterie, de finesse et d'élévation. Les lignes du visage, la coiffure, l'étoffe des manches et du corsage, la pose des mains et le regard voilé, composent un type choisi, qui séduit les curieux et provoque d'abord l'indulgence de la critique. Mais après ce premier éblouissement la sévérité reprend ses droits, réduit à leur juste valeur toutes les qualités qui menaçaient de lui imposer silence ; elle oublie son plaisir pour n'écouter plus que la raison, et alors il arrive que le regard semble noyé dans une vapeur indéfinissable. Je sais bien que cet accident particulier qui échappe à toute description est un des plus grands charmes qui se puissent imaginer ; je sais bien que les yeux clairs et nets sont dépourvus de puissance. Oui ; mais ce charme lui-même est renfermé dans certaines limites. Il faut que l'œil soit humide, mais il faut aussi que la prunelle soit distincte et accentuée. Autrement l'œil est égaré et ne peut plus voir. C'est ce qu'on peut observer en présence d'une lumière abondante et diffuse. Les mains méritent un reproche pareil. L'effacement des phalanges est sans doute une qualité très digne d'estime. La sculpture du seizième siècle, et les mains d'Henriette de France sont là pour témoigner. Mais quand on déguise la réalité, il faut la faire deviner en exagérant un principe supérieur à la réalité, et capable de suppléer par le mouvement et l'animation à l'exactitude littérale des lignes et des plans. Ne copiez pas les saillies articulaires, mais allongez les phalanges que vous effacez, assouplissez les doigts que vous ne voulez pas traduire mesquinement. Dans le portrait que j'ai sous les yeux, les doigts sont mous, mais non pas souples ; ils sont arrondis, mais non pas élégants.

Je préfère de beaucoup à cette toile une tête de jeune fille, le portrait de mademoiselle de R...., que le public n'a pas remarqué, et qui, pour la solidité du modelé, la richesse de la pâte, et l'éclat de la couleur, se place à côté des meilleurs maîtres.

Si j'ai bonne mémoire, en i83i, dans les derniers jours du salon, M. Champmartin avait envoyé une tête d'enfant, comparable, comme celle-ci, aux chefs-d'œuvre de Lawrence. Pourquoi dépense-t-il donc la meilleure partie de son talent dans ses moindres ouvrages?

N'est-ce pas que, n'ayant à peindre qu'une tête, il éprouve le besoin de lui donner toute l'importance et toute la valeur qu'elle mérite, ne se dissimule aucune des difficultés du sujet, et retrouve pour lutter avec la nature, toutes les hardiesses et toutes les franchises qu'il avait en 1824 et en 1827 ; qu'il est peintre à son aise et ne se préoccupe d'aucune coquetterie, d'aucune ruse étrangère à son art, tandis que sur une toile plus étendue, ayant à plaire par mille endroits, à satisfaire des exigences supérieures et fantasques, involontairement il se laisse aller à l'escamotage, au subterfuge, au charlatanisme. Il n'ignore pas, je m'assure, ce que valent ces faux semblants de grâce et de nature. Il se fait à lui-même des reproches impitoyables, mais rares ; l'enivrement de succès, la sécurité d'une habileté supérieure, endorment trop souvent les scrupules qu'il ne peut détruire. Il sait qu'il pourrait mieux faire, et il s'arrête là où nous le voyons, par insouciance, par paresse, ou peut-être même parce qu'il ne veut pas risquer pour l'approbation entière de quelques esprits difficiles les applaudissements de la majorité.

Je comprends très bien les motifs qui expliquent la manière actuelle de M. Champmartin. Mais je suis loin de l'excuser, et j'espère qu'il ne persistera pas dans l'insuffisance de son travail. Aujourd'hui qu'il est assuré de la popularité, que l'attention et la déférence ne peuvent lui manquer, après le plaisir du succès, il voudra se donner la joie de la conscience. Il sera, malgré lui, ramené à traiter plus librement et plus vraiment les mains et les yeux, qu'il sait traiter selon le goût du public. Il est descendu vers la foule et s'est fait comprendre d'elle ; il est temps qu'il s'en sépare, qu'il remonte à son isolement, à sa volonté personnelle et première, et qu'il la force de venir à lui.

Madame L.de Mirbel offre à la critique pittoresque un sujet d'études du plus haut intérêt. Depuis six ans surtout, elle n'a pas cessé un seul jour de chercher le mieux, et souvent ses efforts ont été couronnés de succès. A. dater du salon de 1827, elle s'est bien nettement séparée, par la franchise et la hardiesse de sa manière, des traditions de la miniature. Elle a tenté dans son art, si étroit en apparence, une révolution complète et décisive. Elle a voulu élever au rang de la peinture ce qui jusqu'à elle n'était qu'un jeu d'adresse et de patience. Tout au plus estimait-on un portrait sur ivoire à l'égal d'un bracelet ou d'un collier habilement travaillé. On s'occupait puérilement de la ressemblance littérale de la tête, de la richesse de l'encadrement ; on avait grand soin de placer au-dessous une boucle de cheveux de la personne aimée. Mais de l'expression intime du regard et des lèvres, de la solidité de l'exécution, de la logique des lignes, de l'arrangement, du sacrifice des détails mesquins, de l'exagération préméditée des masses importantes et significatives, personne ne soupçonnait qu'on pût s'en occuper à propos de miniature. On ne croyait pas que dans une besogne de cette nature il pût être question d'art sérieux. C'est à madame L. de Mirbel qu'appartient l'honneur entier de cette rénovation. C'est à elle que nous devons le spectacle inattendu de ces cadres où la volonté semble se jouer de la difficulté, et tire de la limitation même des moyens un nouveau motif de courage et de persévérance.

Je choisis parmi des ouvrages de cette année deux aquarelles et deux ivoires, M. D...., une tête de jeune homme que je prends pour anglaise, madame la marquise de P..., et la fille du duc de F..... Jamais, j'en suis sûr, on n'a rien fait de plus jeune, de plus fin, de plus transparent que ce dernier morceau : les cheveux blonds et légers sont un vrai chef-d'œuvre, les yeux sont vivants, l'accentuation des pommettes et des tempes est franche sans dureté, et l'âge du modèle présentait de grands obstacles. Madame de P... est, je crois, le masque le plus soutenu que madame L. de Mirbel nous ait encore donné. Il n'y a pas une partie du visage qui ne soit en parfaite harmonie avec les autres, et qui, par ses relations avec elles, ne les rende nécessaires. Or, si l'on y prend garde, la nécessité est un des caractères les plus élevés que l'artiste puisse imprimer à son œuvre. Quand vous apercevez quelque part, dans une création, quelle qu'elle soit, le cachet de la nécessité, gravé si profondément qu'on ne pourrait altérer un seul élément de la composition sans troubler la composition tout

Gustave Planche

entière, assurez-vous que l'intelligence à laquelle vous avez à faire est tout simplement du premier ordre. Si au contraire les choses qui vous plaisent le plus vous semblent pouvoir être impunément remplacées, soyez en défiance, car vous êtes en présence d'un talent secondaire. Les créations qui se distinguent par l'élasticité, c'est-à-dire par un caractère muable à volonté, sans danger, sans inconvénient, accusent une pénétration incomplète. La beauté traduite parfaitement n'est autre chose que la vérité parfaitement comprise et révélée sous une forme tellement logique et harmonieuse qu'on ne saurait la supposer autrement.

C'est pourquoi je préfère le portrait de madame de P..... aux précédents ouvrages de madame de L. de Mirbel. Je révère et j'admire dans ce masque si fin, si vivant et si jeune, le sceau de la nécessité.

Le portrait de M. D est traité avec une grande simplicité, sans petitesse et sans mesquinerie. Les chairs sont pleines de souplesse, les yeux regardent sans affectation ; ce que j'en aime surtout, et ce n'était pas la moindre difficulté, c'est l'aspect des joues qui donnent à la figure une physionomie heureuse et calme. Il y avait à craindre que l'obésité n'arrondît les plans au point de les effacer. Il n'en est rien.

La tête de jeune homme dont j'ai parlé est d'une élégance digne des meilleurs maîtres. On y retrouve toutes les qualités de l'auteur appliquées à un type très heureux, à un costume dont les couleurs se détachent très bien.

A côté de mon admiration très sincère pour ces quatre têtes, il y a place encore dans mon esprit pour un regret et un vœu, et j'espère que madame L. de Mirbel pourra les prendre en considération. Après ce qu'elle a fait jusqu'ici, je ne doute pas qu'elle ne se résigne à de nouveaux efforts. Le passé nous répond de l'avenir. J'avouerai donc sans hésitation, et sans vouloir compenser mes éloges par des récriminations systématiques, que l'auteur me semble avoir quelque chose à gagner dans la peinture des vêtements. Ce que je demande est bien peu de chose. Il s'agirait seulement de les accuser plus largement, de procéder plus souvent par masses et de négliger plus volontiers le détail. Ce que j'exige, on le voit, est plutôt un sacrifice qu'une tâche. Mais au point où madame de Mirbel est aujourd'hui parvenue, toutes les remarques, si puériles qu'elles soient en apparence, acquièrent un grand intérêt. En donnant au vêtement une moindre perfection, elle augmenterait fatalement la valeur de ses têtes ; l'attention serait plus concentrée, et les yeux ne verraient dans les accessoires indiqués sobrement que le cadre obligé d'une figure.

TROISIÈME PARTIE

Non pas au moins que je conseille de laisser l'étoffe en ébauche. Il y aurait dans cette méthode un charlatanisme trop visible, et auquel un talent élevé ne peut se résigner.

Mais l'étude assidue des grands maîtres révèle évidemment les avantages du sacrifice que je demande. Il y a deux ans, madame, de Mirbel dans le portrait des demoiselles de P..., avait fait un fond de paysage. La critique, sans blâmer le paysage pris en lui-même, puisqu'il était d'une extrême simplicité, y vit cependant une occasion de distraction. La conscience de l'artiste s'est probablement rangée au même avis, puisque cette année ses têtes sont placées sur des fonds nus. Aujourd'hui je profite librement du droit qui m'est assuré par le perfectionnement progressif, et, à ce qu'il semble, indéfini du peintre auquel je m'adresse, pour signaler à sa persévérance une ressource nouvelle et facile. Je ne soupçonne pas ce qu'elle pourra gagner dans l'exécution et l'expression des têtes. Elle possède un savoir si profond, une habileté si exquise et si docile à toutes ses intentions, qu'elle ne doit plus connaître dans cette voie d'obstacle insurmontable. Elle aurait tort de n'ajouter pas à cet élément de succès et de durée, le plus sérieux et le plus difficile de tous, un élément secondaire, qui ressemble presque à un enfantillage, mais qui, cependant, concourt pour sa part à l'unité de l'effet. La réflexion, qui depuis longtemps lui est familière, lui donnera, j'en suis sûr, des conseils impérieux qu'elle suivra. Alors il faudra que la critique se taise et se contente d'approuver.

DERNIÈRE PARTIE

§. III.

Ainsi que nous l'avons dit précédemment, la rénovation du paysage attend ses destinées de MM. Paul Huet et Charles de Laberge. Ces deux artistes éminents ont posé la question chacun à leur manière, et très diversement. Ils demeurent fidèles à leurs premières volontés, et chacune de leurs œuvres, en agrandissant la voie où ils sont entrés, et qu'ils ont eux-mêmes frayée, ne change rien à leur premier dessein. Nous devons des éloges à des hommes pleins de conscience, de courage et de naïveté, tels que M. Aligny, M. Godefroy Jadin, M. Rousseau, M. Cabat. Il faut approuver, dans le premier, l'imitation littérale des roches ; dans le second, la profondeur et la fuite des terrains ; dans le troisième, la vérité des tons et l'acceptation franche des lignes de la nature, la légèreté de ses feuilles ; dans le quatrième, la simplicité toute flamande de ses compositions. Mais le plan que nous avons adopté, les limites raisonnables de nos réflexions, nous défendent de discuter individuellement ces mérites que nous proclamons volontiers. Nous laissons au public éclairé le soin d'appliquer les remarques générales que nous résumons dans la personne de MM. Paul Huet et Charles de Laberge.

Au premier aspect, la différence des effets révèle évidemment la différence des procédés et des intentions. M. Huet prétend avant tout et surtout à l'impression, à l'émotion poétique ; M. de Laberge paraît exclusivement préoccupé de la reproduction exacte et complète des moindres détails de la nature. S'il fallait retrouver les titres héraldiques de ces deux novateurs, si les hommes de fantaisie avaient besoin de généalogie, et ne pouvaient siéger parmi les contemporains illustres sans produire leurs lettres de noblesse, le premier choisirait pour parrain Claude Gelée, et le second Hobbema. Mais il importe peu de savoir de quels aïeux ils se recommandent. Pour nous, qui les jugeons sans prévention et sans prédilection, sans intérêt personnel et sans arrière-pensée, que sont-ils et que peuvent-ils être, sinon les fils de leurs œuvres ?

Or, je ne veux pas le nier, le Médecin de campagne de M. de Laberge signale dans l'accomplissement de sa volonté un progrès très réel. Si les yeux parcourent la toile de gauche à droite, ou de haut en bas, ils trouveront partout à s'occuper, à s'étonner, à s'arrêter curieusement. C'est une patience merveilleuse, une habileté qui tient du prodige. Les murs, les tuiles, les arbres, les feuilles, les terreins, les barrières, la paille, les cailloux, tout est portrait. Il y a de quoi confondre ceux qui comprennent les jours dévorés par cette rude besogne. Mais où est le centre de la composition, l'unité poétique, l'unité lumineuse, l'unité linéaire ? Vers quel point doivent se diriger les regards ou la pensée à l'exclusion des autres parties du tableau ? J'ai grand'peur que l'auteur lui-même ne puisse, répondre à cette question. Son œuvre a été faite successivement pièce à pièce, tandis qu'elle n'aurait dû être que le rayonnement, l'épanouissement d'une conception primitive et centrale. S'il veut éviter l'agathe, la porcelaine, la miniature, la puérilité, il faut qu'il se résigne à sacrifier une partie de son adresse et de sa patience. Qu'il fasse moins, et il fera mieux.

La Vue de Rouen, de M. Huet, se distingue par des qualités précieuses et surtout par l'étendue indéfinie de l'horizon. Il semble que la toile recule et s'agrandisse presque à chaque minute. C'est un grand art, j'en conviens ; mais la raison demande autre chose, surtout pour les premiers plans ; et dans la Vue de Rouen les premiers plans ne sont pas assez soutenus, l'exécution est trop rudimentaire ; et puis, il faut se défendre d'un désir bien naturel, mais souvent condamnable, celui de semer à profusion les émeraudes, les rubis et les topazes ; il faut être plus sobre dans le choix des tons. — La Vue de Saint-Cloud serait supérieure à la composition précédente, sans les figures qui ne valent rien. J'aime la pâte, les lignes et le ton des arbres, de la plaine et du ciel : seulement je regrette que l'auteur n'ait pas triché la réalité, et supprimé les massifs taillés qui appauvrissent l'effet général. — Son paysage composé est, à coup sûr, son meilleur ouvrage sous tous les rapports ; il y a de la grandeur sans emphase, du calme sans sécheresse, de la poésie sans manière et sans obscurité. Les lignes sont harmonieuses, et la percée du fond, à droite, est bien inventée ; mais je regrette que la verdure du premier plan, à gauche, manque de solidité, absolument et relativement ; car les arbres qui couronnent les ruines, quoique plus éloignés, sont plus forts, et ne céderaient pas sous le doigt comme le gazon.

Il faut donc que M. Laberge fasse plusieurs pas en arrière, et que M. Huet s'attache plus sérieusement à la traduction de ses pensées.

Je voudrais pouvoir louer, sans restriction, M. Eugène Isabey, car son talent m'inspire une sérieuse sympathie : il y a deux ans, j'espérais qu'il renoncerait à l'improvisation pour un travail plus lent et plus recueilli. Je faisais des vœux pour qu'il comprît l'intervalle immense qui sépare Sgricci de Byron, Henri Herz de Hummel ; mais il s'est obstiné dans son indolence féconde, il a continué de croire que ses moindres coups de pinceau devaient être précieusement recueillis ; il s'est fié sans réserve aux adulations complaisantes de ses amis, et, sans perdre le charme incontestable de sa manière, il a produit des ouvrages que la critique doit réprouver. La poésie est absente, comme il y a deux ans ; mais la couleur est fausse pour vouloir être brillante ; la perspective est outrageusement violée ; les maisons chancellent, dansent, et sont avinées ; les figures ne sont que des ébauches diaphanes et inintelligibles. C'est un grand malheur que je déplore ; voilà pourtant où mène la flatterie !

Je ne puis pas dire non plus que Decamps soit en progrès. Ses deux aquarelles sont inventées avec une grande richesse de physionomies individuelles ; mais il y manque une qualité du premier ordre, l'intérêt lumineux et poétique : tous les tons sont de la même gamme, toutes les têtes ont la même importance. J'aime son singe paysagiste. Son paysage turc me semble inférieur à une composition du même genre envoyée au salon dernier, et qui représentait le derrière d'une maison. Quant à sa caravane, je pense qu'il est utile de la blâmer. La couleur en est séduisante et magique ; mais le ciel est maçonné : les chevaux, les chameaux et les hommes n'ont pas de forme appréciable ; il n'y a que les murs qui soient admirables de tout point. Assuré comme il l'est de l'attention et de la bienveillance publique, avec une palette comparable à celle de Rubens et de Rembrandt, il est fâcheux que Decamps néglige un élément de succès et de durée, la vérité des lignes et des contours : attendons-le au salon prochain.

Les Pères de la Rédemption, de M. Granet, se placent à côté de ses meilleurs ouvrages. Ici, comme toujours, les figures, malgré leur nombre, n'ont pas le premier rôle ; elles sont subordonnées à l'effet des fonds, à la distribution de la lumière. Dans la pensée de l'artiste, elles sont bien conçues et bien exécutées. Ce qu'on peut y reprendre ne trouble en rien l'harmonie et la beauté de la composition. Comme toutes les choses complètes, cette toile échappe à la critique, il faut la nier ou l'admirer.

§ IV.

Les nouveaux plafonds découverts cette année dans les salles du moyen âge et de la renaissance sont très loin de justifier les espérances qu'on pouvait fonder sur cette magnifique occasion offerte à la peinture monumentale. Je ne dis rien des deux toiles de M. Fragonard, d'abord parce qu'elles ont paru aux salons de 1819 et 1827, et surtout parce qu'elles sont d'une médiocrité Indigne de blâme. La Renaissance des Arts, de M. Heim, conviendrait tout au plus au boudoir d'une femme : c'est une peinture admirablement fraîche et rose ; mais de contours, de modelé, de vérité, de pensée, il n'y a pas l'ombre ; ajoutons que la raison défend d'encadrer l'allégorie dans l'histoire, et prescrit impérieusement d'encadrer l'histoire dans l'allégorie. M. Heim a choisi le premier parti, et a violé une des premières lois de la poésie. Je l'abandonne aux admirateurs des puérilités coquettes. — Le Poussin de M. Alaux, séduisant pour les yeux vulgaires, ne résiste pas à la réflexion ; le caractère de cette composition devait être la gravité ; la figure principale, celle de l'artiste, devait dominer les deux autres, au moins par l'importance de l'expression. Le roi et le cardinal devaient jouer chacun leur rôle, mais sans émotion et presque sans volonté. De Thou, Cinq-Mars, le père Joseph, le marquis de Rivière, n'étaient là que pour dater la scène. Or, aucune de ces conditions n'a été remplie. La faiblesse maladive et docile de

Louis XIII, le regard de chat du premier ministre, la figure austère de l'auteur des Sabines, ne peuvent pas se deviner dans les trois acteurs du premier plan. La peinture de cette toile serait tolérable dans une salle de bal ou dans une décoration d'opéra. Dans un monument comme le Louvre c'est un contre-sens. — Le Louis XII de M. Drolling révèle, je l'avoue, l'intention de bien faire, et surtout le sentiment sincère d'une tâche difficile. Mais la naïveté laborieuse des physionomies, la gaucherie archaïsée des attitudes empruntées aux missels enluminés, la simplicité toute patriarcale des lignes et des groupes n'excusent pas l'absence complète d'intérêt. La scène est conçue de telle sorte qu'elle semble indéfinie, et n'a pas de limites présumables en dehors du cadre. La toile est couverte et n'est pas remplie ; à proprement parler, il n'y a pas de composition. Je ne dirai rien de la couleur ; on sait que M. Drolling n'est pas coloriste. Mais je dois lui reprocher la brièveté de ses personnages ; car il pouvait consulter un géomètre et calculer la dimension réelle pour la dimension visible ; à coup sûr le Louis XII vaut mieux que les plafonds de MM. Fragonard, Alaux et Heim, mais il n'est pas bon. — Comment est-il arrivé que M. Schnetz, après avoir emprunté à l'Italie des compositions du premier ordre, telles que l'Inondation et la Prière à la Madone, ait consenti à peindre un sujet tel que Charlemagne et Alcuin, placé si loin de ses inspirations et de ses études habituelles ? Je ne sais lequel je dois reprendre le plus sévèrement, ou de celui qui a proposé cet épisode à l'artiste, ou de l'artiste qui s'est trompé au point de l'accepter. Ce que je puis affirmer, c'est que cette double erreur n'a pas tourné au profit de l'art. Heureusement M. Schnetz est en mesure de prendre une revanche éclatante. Qu'il retourne à Rome, et qu'il nous revienne avec un nouveau poème ! — Le Puget d'Eugène Devéria est assurément le meilleur plafond des nouvelles salles (il est bien entendu que je ne veux rien préjuger sur MM. Steuben et L. Cogniet, dont les toiles ne sont pas découvertes). Cette page est une suite naturelle et honorable de la naissance d'Henri IV, et qui effacera, je l'espère, le souvenir de la Jeanne d'Arc du même auteur. Ce n'est pas à lui que je dois reprocher d'avoir traité une scène qui n'a jamais existé dans l'histoire. Ce n'est pas sa faute si les courtisans qui ont fait hommage de Corneille à Louis XIII, ont voulu continuer dans le statuaire de Marseille la même flatterie maladroite et menteuse. M. Eugène Devéria n'a pas mission pour feuilleter les biographies et apprendre que Puget n'est jamais venu à Versailles, qu'il a vu le roi une seule fois à Fontainebleau, plusieurs années après le voyage de son chef-d'œuvre présenté à Louis-le-Grand par son fils ; il n'est

Gustave Planche

pas chargé de lire la correspondance de Lebrun et les manuscrits du père Bougerel, pour entendre les réclamations infructueuses de l'artiste exposant humblement à S. M. que le groupe payé 15,000fr. lui coûte réellement 14,500 francs. C'est à l'administration à s'enquérir de ces misères, de cette loyale générosité, de ces magnifiques encouragements. M. Eugène Devéria ne répond que de son œuvre. Je blâmerai sans répugnance le défaut de solidité dans quelques figures, et la mignardise des deux dernières femmes placées à gauche, près du cadre. Mais après ces critiques très sérieuses, il reste encore beaucoup à louer dans cette composition. Le roi et l'artiste ont une pantomime très vraie, surtout pour ceux qui ignorent la biographie du Puget et sa querelle avec le duc de Beaufort ; il règne dans toute la toile une richesse et une coquetterie élevée. C'est bien ainsi que devait être la cour du grand roi. — Je n'approuve pas les tons violets prodigués sur le cou et les épaules des grandes dames. Mais tout en assurant que l'auteur pourra faire mieux, et s'est peut-être contenté trop facilement, je ne puis nier que son ouvrage ne soit le meilleur des salles nouvelles.

Si nous rentrons dans la galerie des trois écoles, en traversant le salon carré, nous trouverons, chemin faisant, plus de morts que de vainqueurs, plus de réputations éphémères que de gloires durables. La Marguerite de M. A. Scheffer n'est qu'une métamorphose pénible d'un talent qui s'épuise à copier successivement tous les maîtres sans jamais chercher l'originalité personnelle. J'avais quelque sympathie pour les têtes exécutées dans le goût de Rembrandt. Cette fois-ci, je ne puis approuver le calque tourmenté de l'école allemande. Copie pour copie, j'aime mieux la précédente. — Les demoiselles Galley, de M. C. Roqueplan, ne sont qu'une peinture agréable, mais rien de plus. — La Jeanne d'Arc, de M. St-Evre, est une composition ingénieuse, remarquable surtout par la finesse des têtes ; mais toutes les figures sont transparentes. Le prologue du Décameron rappelle malheureusement le jardin d'amour de Watteau. A quoi bon traduire le quatorzième siècle dans le style du dix-huitième ? — Je ne veux pas juger MM. E. Delacroix et L. Boulanger sur leur salon de cette année. Je pense, avec l'antiquité, que parfois l'*extrême justice n'est qu'une injustice extrême*, — Je néglige volontairement les rêves d'amour de M. Guichard, faute de pouvoir pénétrer le sens de ce poème mystérieux. — Les Contrebandiers de M. Jeanron sont un progrès pour ceux qui se souviennent de ses Petits Patriotes. Le ciel est bien ; mais les terreins sont d'une pâte trop molle. Les figures du second plan ne sont pas assez nettement dessinées. — Les Funérailles de Titien, de M. A.

DERNIÈRE PARTIE

Hesse, sont un début heureux, mais ne méritent pas le succès qu'on veut leur faire. C'est un ressouvenir adroit de l'école vénitienne ; mais il n'y a pas de composition, surtout pas de vérité. — Je n'aime pas le Foscari de M. Ziegler ; mais son Giotto est, sans contredit, la meilleure invention du salon. La jambe droite s'incruste dans la jambe gauche. Cimabue ressemble trop à une peinture sur vélin ; mais l'attitude est pleine de grâces, de naïveté, d'attention, de recueillement ; les épaules et les bras sont étudiés à merveille. Si l'auteur veut acquérir plus de hardiesse, je m'assure qu'il réussira dans les sujets simples et paisibles. Quant au drame, c'est encore une question.

§V.

Nous ne voyons pas au Louvre tous les ouvrages de David et de Pradier que nous espérions y étudier. Un seul buste, celui de Boulay de la Meurthe, et le groupe de Cyparisse, au lieu des nombreux portraits que nous avions entrevus, l'absence de la statue de Jean-Jacques, voilà bien des sujets de regrets ; et cependant nous en avons assez pour comparer et analyser les mérites et l'avenir de ces deux maîtres. Sans doute il eût mieux valu avoir sous les yeux Béranger, Lareveillère-Lépaux, Sieyes, Cuvier, Paganini, et, à côté d'une figure païenne, le philosophe genevois et le maréchal Gouvion ; mais nous ne pouvons blâmer l'administration qui, par respect pour l'équité, a refusé d'admettre ces ouvrages.

Le portrait de Boulay de la Meurthe est un des meilleurs de David, égal, selon nous, à ceux de Bentham et de Chateaubriand. On y aperçoit bien ce qui se trouve rarement dans les marbres modernes, la différence des saillies musculaires et des saillies osseuses. Les plans du visage et du front sont nombreux, fouillés et vivants. C'est aussi bien que les bustes antiques, quoique plus complexe, aussi harmonieux, quoique plus savant. Nous devons regretter devant un pareil ouvrage que Bonaparte et Byron n'aient pas posé pour David. Au salon prochain nous aurons de lui des portraits, deux statues, et trois peut-être, si la figure de Philopœmen, destinée aux Tuileries, est achevée.

Le Cyparisse, comme je l'ai dit, se distingue par une grâce exquise, par la finesse et la pureté des lignes, par le choix et la jeunesse des plans, par la vérité des inflexions, la naïveté de l'attitude. La seule chose que j'y blâmerai, c'est l'insignifiance de la tête. L'auteur m'objectera, je le sais, des exemples pareils dans la statuaire romaine ; mais ces exemples n'appartiennent pas aux meilleurs temps ; l'art grec du temps de Périclès, les masques admirables de Jupiter, de la Vénus, de l'Ajax, de l'amant d'Aspasie lui-même, témoignent assez du respect de l'antiquité pour la beauté intellectuelle. A mon sens il n'y avait aucun inconvénient à doter Cyparisse d'un visage moins pauvre et moins simple. Le torse et les membres sont charnus et palpitants, la tête ne pense pas, pourquoi ?

Le groupe de Gain, par M. Etèx, excite une attention générale, et c'est en effet un ouvrage important. Si l'on considère d'ailleurs que c'est le début de l'auteur, on doit espérer pour lui un avenir glorieux. Seulement je redoute les éloges et les flatteries qui ne lui manqueront pas. On demande du marbre et du bronze pour traduire ses pensées ; personne plus que moi ne souhaite pour sa fantaisie des interprètes nombreux, dociles et durables ; mais je crois qu'on se hâte trop de le couronner, de chanter hosannah et de brûler l'encens. Je voudrais voir M. Etex à l'œuvre sur un bloc de Carrare ; mais je lui conseillerais bien des modifications. La seule figure qui me satisfasse dans ce groupe, c'est la femme de Caïn : encore l'exécution n'est-elle pas complète. Le Caïn est laid et ignoble, sans être horrible ni repentant. Son fils, placé à sa droite, pourrait se détacher sans laisser aucun regret ; sa pose n'est pas heureuse. Son bras se place péniblement sous l'aisselle de Caïn, sa jambe s'infléchit comme si les os étaient i-amollis. Je ne crois pas que la sculpture permette ces mesquines pauvretés, quand bien même la nature les donnerait. La main droite de Caïn, qui semble vouloir indiquer l'idée d'abattement, mérite le même reproche. En résumé, ce groupe, dont la face antérieure et postérieure satisfait aux conditions de la sculpture, pèche évidemment par un défaut d'harmonie dans les faces latérales. Avant l'exécution définitive il faudrait aviser à corriger ces défauts.

Le lion de Barye est une belle et grande chose. Si c'est le bronze qui doit en assurer la durée, le résultat n'est pas douteux. Si c'est le marbre, il faudra faire des sacrifices, trouver des masses qui n'y sont pas, effacer les détails trop nombreux, et, tout en conservant la vérité des lignes et de l'attitude, exagérer certaines parties de la réalité pour arriver à une beauté plus simple et plus claire. — Il faudrait aux Tuileries deux figures au moins comme le lion de Barye.

La figure napolitaine, de M. Rude, est au nombre des meilleurs ouvrages de cette année. Le marbre que nous voyons est très supérieur au modèle exposé il y a deux ans. Toutes les parties sont traitées avec soin, avec amour. Peut-être l'ensemble est-il un peu froid. Mais, dans le style paisible et simple, c'est un morceau remarquable.

DERNIÈRE PARTIE

Le danseur de M. Duret, dont le visage ne manque ni de gaîté ni d'animation, vaut moins que le pêcheur de M. Rude, à cause de la rondeur générale des formes ; le mouvement demanderait des contractions musculaires, qui sont absentes.

Il est fâcheux que le buste de la reine, de M. Moine, ne soit pas terminé. Cette circonstance, ignorée du public, et même de plusieurs critiques de profession, a donné lieu à des jugements précipités. On a déclaré impossibles des qualités qui n'attendent que le ciseau pour se révéler. Le modèle en plâtre que j'ai vu est beaucoup plus charnu et plus fin que le marbre du Louvre.

Dans le duc de Nemours, de Chaponnière, je n'aime pas les cheveux qui s'attachent aux tempes, le reste me semble irréprochable.

L'Ulysse, de M. A. Barre, possède plusieurs éléments de réalité ; mais les formes et les lignes ne sont pas assez choisies. C'est un point de départ, un acheminement. Mais l'auteur aurait tort de croire qu'il est arrivé.

Un portrait de M. Simart offre plusieurs parties modelées habilement, mais étudiées successivement, à ce qu'il semble, en elles-mêmes et pour elles-mêmes, sans intention préconçue, sans volonté ; de telle sorte que ces vérités de détail se combattent et se nuisent, et ne composent pas une vérité une et claire. Mais il y a de bonnes lignes : avec peu de chose la tête serait bonne.

Je suis forcé de protester de toutes mes forces contre les encouragements prodigués à MM. Préault et Duseigneur. Le premier prend pour de la sculpture la laideur grimaçante variée à l'infini, et ne se donne pas même la peine d'amener à bien les caricatures qu'il conçoit. Il s'en tient à l'ébauche, et ses amis prennent pour du génie la paresse et la gaucherie de ses doigts. Je n'ai rien à en dire, sinon que l'art et la critique n'ont rien à voir dans ce libertinage puéril. L'Esmeralda de M. Duseigneur nous ramène aux figures sculptées en chêne ou en pierre, du treizième siècle, et aux plus imparfaites. Mais ce qui se tolère et s'accepte dans les ornements d'une ogive ou d'un chapiteau, n'est pas bon à montrer dans un musée ; une taille de guêpe, des pieds microscopiques, et la tête d'un monstre, contrastant avec cette idéalité impossible, ne font pas un groupe. Je concevrais le sujet en bas-relief, mais le pilori entre les deux acteurs s'oppose à l'exécution ronde bosse. Si M. Duseigneur veut justifier sa mission de novateur, il faut qu'il change de route ; son Roland était fort supérieur à son groupe de cette année.

Gustave Planche

§. VI.

Or, je dois l'avouer, il n'est pas en mon pouvoir de résoudre aujourd'hui, au moins d'une façon décisive, les questions que j'ai posées à l'ouverture du salon. Mes études récentes n'ont pas démenti mes premières prévisions. Je crois encore à l'imminence d'une réaction spiritualiste dans l'art ; mais je n'ai pas à ma disposition les éléments nécessaires pour populariser mes convictions. Plusieurs ouvrages importants que j'attendais, et qui m'auraient apporté l'autorité de leur exemple, n'ont pu pénétrer dans les salles du Louvre. Léopold Robert et Paul Delaroche n'ont rien envoyé. Et sans nul doute un épisode de la vie vénitienne par l'auteur des Moissonneurs, la mort de Jeanne Gray par l'auteur de Cromwell auraient pesé dans la balance.

Les plafonds des nouvelles salles, par le choix des sujets et des artistes appelés à les traiter, ne peuvent prétendre à la valeur historique qu'on voudrait leur attribuer.

Le paysage a commencé une rénovation éclatante qui s'achèvera dans un avenir très prochain. Les études consciencieuses qui se multiplient s'en tiennent trop souvent à la réalité et prennent la copie d'un morceau pour l'invention d'un ouvrage. Mais il sortira de ce travail un art nouveau et durable. — Toutefois il faut reconnaître que la peinture, soit qu'elle traite la figure humaine, soit qu'elle se propose la reproduction de la nature extérieure, semble trop souvent tâtonner, et comme incertaine des lois auxquelles elle doit obéir. Mais il naîtra des rois qui sauront la gouverner, attendons seulement.

Quant à la statuaire, elle a déjà trouvé ses chefs et son organisation. David, Pradier et Barye ont chacun leur volonté, leur puissance reconnue. Et, parmi les portraitistes, Moine et Chaponnière peuvent compter sur des succès sérieux.

ISBN : 978-1546938057